世界のビジネスシーンで使われている

大人の「格上げ」英単語

マヤ・バーダマン
Maya Vardaman

講談社
Kodansha Power English

はじめに

「格上げ英単語」とは？

「英語は伝わればいい」。よく耳にする言葉で、状況や相手によってはそう言えるのかもしれません。例えば、海外から来た観光客に道案内をする際は、単語をつなぎ合わせた文章でも十分でしょう。

しかし、ビジネスで「相手と複雑で濃い内容の話をする」「クライアントや組織の役員レベルとやりとりをする」などという場面では、フォーマルで失礼のない話し方をする必要があります。そのような緊張感のある場面以外でも、普段のビジネスシーンでは適切な言葉の選択や組み合わせに気を配ることによって、伝わり方も印象も変わります。伝えたい内容の要点が明確になることで、仕事の進み方にも影響するでしょう。

こういったことは、アメリカ人の父のいる家庭で育ち、英語で教育を受け、日常的に英語を話していた筆者自身も経験したことです。ゴールドマン・サックスで働き始めた頃、周りで飛び交う英語は今まで知っていた英語と少し違ったのです。「プロフェッショナルな雰囲気」や「洗練された感じ」のある言葉の選択、単語の組み合わせや表現により、全く印象が違いました。自分の使う英語が幼稚に感じられ、現場にふさわしい英語に磨かなくてはと焦りました。別の外資系企業でも、やはり洗練された英語が使われていて、ビジネスの世界で使われる英語は普段使う言葉とは少し違うものだと再度実感しました。

「知性は言葉に表れる」と言うように、言葉の選択によって瞬時に好印象を持たれたり、あるいは評価を下されたりすることがあるのです。

そこで、「格上げ英単語」が活躍します。

日本語では、「見る」よりも「拝見する」のほうが、また、「教えてください」よりも「ご教示ください」のほうが丁寧であらたまっていますが、英語でも同じように丁寧でプロフェッショナルなニュアンスを持つ単語や表現があります。日本語の尊敬語や謙譲語のように言葉自体に敬意を含むものではありませんが、知性や気配りを伝え、洗練された印象を相手に与えます。

また、2、3語使うところを「格上げ英単語」1語で表現すると、簡潔かつ明確に伝わります。"Less is more."「少ないほうがより豊かである」という表現がありますが、文章においても同じです。wordy「冗長」になってしまうと、ひとつひとつの言葉の効果とパワーが減り、文章全体としても明瞭さに欠けてしまいます。短く簡潔にするとインパクトが加わり、メッセージがよりクリアかつ効果的に伝わります。

この本のミッションは、皆さんが使う英語をより明確に伝わるものにし、ビジネスにふさわしい、洗練された英語にアップグレードし、効果的にコミュニケーションが取れるようにすることです。より良いコミュニケーションを取ることによって、相手との信頼関係、そして仕事の進み方にも良い影響が出るでしょう。

「格上げ英単語」を使うことのメリット（使うべき理由）

- 明確で簡潔に伝わる
- 具体性や説得力が増す
- 知性や品性が表れ、自身の印象に直結する
- 幼く聞こえる言葉が一新され、洗練された印象になる
- 目上の方やお客様など、相手に失礼のないフォーマルさが出る
- よりインパクトのある単語で、効果的で印象に残るメッセージを伝えられる

「格上げ英単語」を使わないことのデメリットは上記と反対のことです。せっかく発信したいメッセージや伝えたい内容が優れていても、言葉の選択や表現方法で「幼い」「カジュアル」といった印象を持たれ、内容が説得力を持たなくなるのはもったいないことです。

残念なことですが、使用する語彙によって瞬時に判断されることがあります。実際、「使う英語によって『格下』に見られる」「バカにされている気がする」「年相応の英語を話すにはどうしたらよいか」といった声を聞くことがあります。

本書でご紹介するような「格上げ英単語」を活用することで、相手と

のコミュニケーションや信頼関係が良くなり、仕事への良い影響を与えるのを感じてみてください。

この本の特長

辞書、学習本、教科書などに載っている情報では単語のニュアンスまで細かく説明されていないことがあります。言葉のニュアンスや、相手の受け取り方や与える印象というのは、実際に会話や体験を通してでないと理解するのが難しいです。

本書では、厳選した「すぐに使える」「効果的に伝わる」格上げ英単語を、英日・日英の辞書には載っていない使い方やニュアンスも含めて解説しています。自分で使わなくても耳にすることがあるため、理解しておけばいざ登場したときに便利です。

中には、見慣れた単語や、いわゆる中学英語で覚える単語もありますが、ビジネス特有の使い方をする場合があるので、注目してみてください。

ここでは、主にビジネスシーンで登場する使い方を、例文を通してご紹介していますので、ニュアンスの理解や使い方の参考にしてください。他にも、本やニュース記事などを読み、単語が使われるテーマや場面、前後にくる言葉やパターンなどに意識を向けてみてください。

本稿を執筆している2020年夏は、新型コロナウイルス感染拡大の影響で生活のあらゆる面が劇的に変わりました。ビジネスの進め方も、人とのコミュニケーション方法も影響を受けています。そんな中、丁寧に、簡潔かつ明確に、きちんと相手に伝わるコミュニケーションの重要性が高まっています。

本書でご紹介する「格上げ英単語」が、皆さんが英語で伝えたいメッセージを、簡潔、明確、そして効果的に伝えるためのツールとなり、本来の力を発揮することができますように。そして、伝えたいメッセージをどんどん発信して、世界で活躍なさることを心より願っております。

2020年9月

マヤ・バーダマン

目次

レベル1
中学レベルの語彙を大人仕様にする15単語

レベル2
使いこなせば相手の対応が変わる30単語

レベル3 仕事をさらにアップグレードする25単語

Coffee Break

本書の使い方

本書ではビジネスでよく使われる単語を70取り上げました。どれも「格上げ単語」で、使うことによってプロフェッショナルさを出し、洗練された印象を相手に与えることができます。解説には辞書に載っていないニュアンスを説明し、例文はビジネスの現場で使用されている生きた英文を掲載しています。

単語の主な意味を最初に挙げています。

単語のイメージをイラスト化しました。覚えるときの手助けとしてください。

格上げ前の英単語がこちら。これらを使うと、少しプロフェッショナルさに欠ける場合があります。

ビジネスの現場での使われ方や単語のニュアンスについて細かく説明しています。リアルな使用法がわかり、辞書には載っていない解説がここで読めます。

advise

動詞
- 人に助言する、忠告する
- (一番良いとされる方法について)勧める、助言する
- (特に危険や通告などを)知らせる、通知する、連絡をする

▶ 格上げ前の単語・表現

動詞

give [someone] advice on . . .「…について[誰かに]助言する」
give recommendations/suggestions for . . .「…について提案する」
tell「知らせる、言う」
say to [do something] . . .「…に言う」
let [someone] know . . .「…について知らせる」

▶ ニュアンスと使い方

相手が取るべき(または取らないべき)行動についての助言や忠告をするとき、特に使います。日本語の「アドバイス」が持つ「助言」の意味よりも強めのニュアンスを持つ場合もあることを覚えておきましょう。特に、その助言をする人がより知識や経験を持っている場合に使用します。「説明する」のように使うこともあります。

I was advised to consult my manager first.
私は最初に上司に相談するように勧められました。

My colleague advised against setting a meeting on Friday night.
同僚は金曜の夜にミーティングを設定しないように助言しました。

12

なお、全ての場面で格上げ単語に置き換えられるわけではない点にご注意ください。ニュアンスが合わない、または不自然に聞こえる場合があり、例えばI'm going to do the laundry.「洗濯をするよ」を、I'm going to execute the laundry.「洗濯を実施いたします」と言うと不必要にフォーマルで不自然に聞こえます。解説と例文をよく読み、適した場面を理解し、ニュアンスをつかんで使用しましょう。

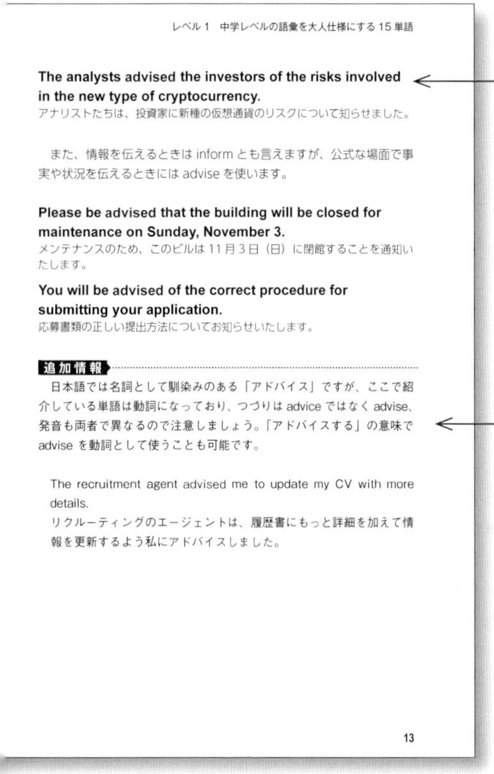
レベル1　中学レベルの語彙を大人仕様にする15単語

The analysts advised the investors of the risks involved in the new type of cryptocurrency.
アナリストたちは、投資家に新種の仮想通貨のリスクについて知らせました。

また、情報を伝えるときはinformとも言えますが、公式な場面で事実や状況を伝えるときにはadviseを使います。

Please be advised that the building will be closed for maintenance on Sunday, November 3.
メンテナンスのため、このビルは11月3日（日）に閉館することを通知いたします。

You will be advised of the correct procedure for submitting your application.
応募書類の正しい提出方法についてお知らせいたします。

追加情報
日本語では名詞として馴染みのある「アドバイス」ですが、ここで紹介している単語は動詞になっており、つづりはadviceではなくadvise、発音も両者で異なるので注意しましょう。「アドバイスする」の意味でadviseを動詞として使うことも可能です。

The recruitment agent advised me to update my CV with more details.
リクルーティングのエージェントは、履歴書にもっと詳細を加えて情報を更新するよう私にアドバイスしました。

13

生きた例文はビジネスで使われるものやニュースで見るようなものもあります。よく読んで、単語の持つ「感覚」をつかむようにしましょう。

「追加情報」にはオマケ的な要素とともに、ミニ知識も豊富に入れました。

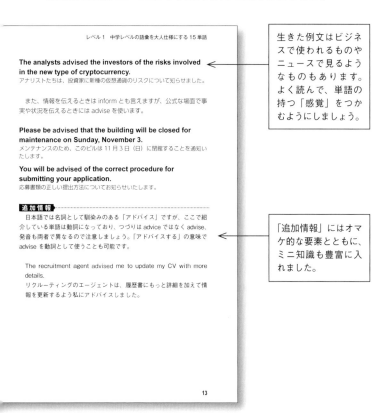

レベル
1

中学レベルの語彙《ごい》を大人仕様《しよう》にする15単語

advise

動詞
- 人に助言する、忠告する
- （一番良いとされる方法について）勧める、助言する
- （特に危険や通告などを）知らせる、通知する、連絡をする

▶ 格上げ前の単語・表現

動詞

give [someone] advice on . . .「…について［誰かに］助言する」

give recommendations/suggestions for . . .「…について提案する」

tell「知らせる、言う」

say to [do something] . . .「…に言う」

let [someone] know . . .「…について知らせる」

▶ ニュアンスと使い方

相手が取るべき（または取らないべき）行動についての助言や忠告をするとき、特に使います。日本語の「アドバイス」が持つ「助言」の意味よりも強めのニュアンスを持つ場合もあることを覚えておきましょう。特に、その助言をする人がより知識や経験を持っている場合に使用します。「説明する」のように使うこともあります。

I was advised to consult my manager first.
私は最初に上司に相談するように勧められました。

My colleague advised against setting a meeting on Friday night.
同僚は金曜の夜にミーティングを設定しないように助言しました。

The analysts advised the investors of the risks involved in the new type of cryptocurrency.
アナリストたちは、投資家に新種の仮想通貨のリスクについて知らせました。

また、情報を伝えるときは inform とも言えますが、公式な場面で事実や状況を伝えるときには advise を使います。

Please be advised that the building will be closed for maintenance on Sunday, November 3.
メンテナンスのため、このビルは 11 月 3 日（日）に閉館することを通知いたします。

You will be advised of the correct procedure for submitting your application.
応募書類の正しい提出方法についてお知らせいたします。

追加情報

日本語では名詞として馴染みのある「アドバイス」ですが、ここで紹介している単語は動詞になっており、つづりは advice ではなく advise、発音も両者で異なるので注意しましょう。「アドバイスする」の意味で advise を動詞として使うことも可能です。

The recruitment agent advised me to update my CV with more details.
リクルーティングのエージェントは、履歴書にもっと詳細を加えて情報を更新するよう私にアドバイスしました。

aim

名詞
- 目標、目的
- 意図した結果、目指した結果

動詞
- 何かを成し遂げる・達成するのを意図すること
- 目標や目的に努力や時間を向ける

▶ 格上げ前の単語・表現

名詞

planned result「予定された結果」

goal「目標」

動詞

try for/try to do . . .「…をしようとする」

try to achieve「達成しようとする」

work towards . . .「…に向けて努力する」

▶ ニュアンスと使い方

aim にはボールや銃などを「(ゴールや標的に) 向ける、狙う」という意味があります。ここから、「目標や目的」、「特定の結果や対象とした人」などの意味でビジネスでも使う頻度が多い単語です。ここでは、目標や目指した結果そのものを指す名詞の aim と、それに向けた意図を指す動詞の aim をご紹介します。

名詞の aim は、goal と同じように使うことが多いです。

Our long-term aim is to build trust with our clients.
我々の長期的な目標は顧客と信頼関係を築くことです。

The company's aim is to increase sales by 10 percent by the end of the year.
会社は年末までに売上を 10% 上げることを目標にしています。

動詞の aim は、プロジェクトの概要を述べたり、チームで取り組む仕事を説明したりするとき、または会社の代表が今後の目標や計画について告知をするときなどに使います。we will try to . . .「…しようとします」や、we want to achieve . . .「…を達成したいと思います」の代わりに、we aim to . . . や we are aiming to . . . などと言う頻度のほうが高いです。一見ビジネス向きではなく、簡単な単語に見えますが、数個の単語で表すところを一言で伝えることができるため、シャープでプロフェッショナルな印象を与える格上げ単語です。

We are aiming to collect at least 50 responses from this survey.
このアンケートから少なくとも50の回答を得ることを目標としています。

追加情報

goal と同じように使えますが、動詞としても使えるので、aim と goal をひとつの文に入れることもできます。

We aim to achieve our sales goal by the end of the year.
年内に営業目標を達成することを目指しています。

observation / observe

名詞
- 見ること、観察すること(それから学んだこと)
- 観察した結果のコメント、意見

動詞
- 見る、観察する、注視する、慎重に考察する
- 認める、(観察によって) 気づく
- (特に何かをもっと学ぶために) 注意して何かを見る

▶ 格上げ前の単語・表現

observation：名詞

opinion「意見」
comment「コメント」
statement「意見」
explanation「(見たことの) 説明」

observe：動詞

see「見る」
watch「見る」
look at . . .「…を見る」
notice「気づく」
make a comment「意見を言う」

▶ ニュアンスと使い方

名詞、動詞ともに仕事やアカデミックな場面で遭遇する単語です。observationというと、日常のシーンでは「観察」や「観測」、展望台のobservation deck「展望デッキ」やobservatory「屋上展望台、展望台」の意味が思い浮かぶかもしれません。ビジネスでは、見聞きするものに注意して慎重に考察し、特にもっと理解するために観察するという意味で使われます。

She shared her objective observations of the situation.
彼女はその状況についての客観的な観察を共有しました。

Detailed observations gave the report more credibility.
詳細な観察がレポートにさらに信頼性を持たせた。

Young employees can learn a lot from observing their role models.
若手社員はロールモデルを観察することで多くを学べます。

Please feel free to drop in and observe the session if you'd like.
もしよければ、お気軽にお立ち寄りいただき、セッションを観察してください。

追加情報

フォーマルなニュアンスで、「法律やルール、習慣に従う」という意味でも使われます。この場合は follow「（決まりを）守る」、obey「従う」、keep「守る」が格上げされています。

We must observe the law.
法律を守らなければなりません。

My family observes Hanukkah.
私の家族はハヌカを祝います。

＊ celebrate のように使っています。Hanukkah はユダヤ教のお祭りで、ユダヤ暦 Kislev の月の 25 日から 8 日間行われます。シリア王とのマカベア戦争（168 ～ 141 BC）に勝利し、汚されたエルサレム神殿を清めて再び神に奉納したことを祈念します。

develop

動詞
- 発展させる、進化させる
- （新しいアイディアやものを）つくり出す、開発する
- （潜在的能力、技術などを）開発する、大きくさせる、強化する、育成する
- （新事態や局面が）徐々に現れる、展開する、変化していく

▶格上げ前の単語・表現

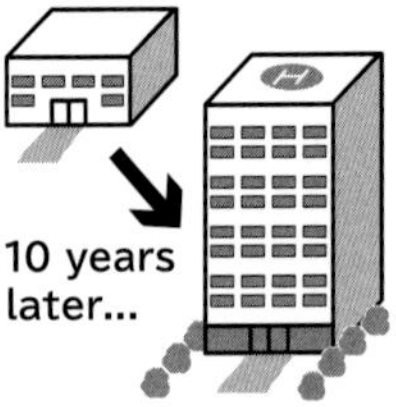

動詞

grow「成長する、発展する」

make (a new idea, product) over time
「（商品、新アイデアなどを）作り展開させる」

begin to happen, start「始める」

▶ニュアンスと使い方

develop には幅広い意味や使い方がありますが、ビジネスでは主にアイディア、計画、技術、議論、状況などに対して使われることが多い印象です。

難しい単語ではなく、特に「ビジネス特有の英語」ではありませんが、begin to happen や grow over time などと言うよりも簡潔に言えるのでインパクトがあり、よりプロフェッショナルに聞こえます。

The situation developed rapidly into a crisis.
事態は急速に危機的状況に発展しました。

He is developing his business into a worldwide enterprise.
彼は自身の事業を世界規模に発展させています。

She developed an interest in programming at an early age.
彼女は幼い頃からプログラミングに興味を示しました。

She developed her presentation skills through practice.
彼女は何度も練習してプレゼンテーションスキルを磨きました。

I need to further develop my ideas before presenting them to the client.
クライアントに提示する前にさらにアイディアを発展させる必要があります。

Developing trust with clients is our priority.
クライアントと信頼を築くことは私たちが最優先することです。

The CEO developed a reputation as an ineffective leader.
CEO は能力のないリーダーという悪評がつきました。

追加情報

ニュースでもよく耳にする単語で、様々な組み合わせやコロケーションで使います。それぞれの文脈から、「開発、発展、進化」などのイメージを当てるとニュアンスがわかりやすいかもしれません。ビジネス以外でもこの単語に遭遇したらぜひ注目してみてください。

develop ties [with a country]	（国と）交流を深める
develop a habit	習慣を身につける
develop a strategy	戦略を立てる
develop into . . .	…に発展する
develop over time	時間をかけて発達する、表れる
develop from . . .	…から進化する

また、「（議論、主題、案などを）詳しく説明する（そして明確にする）」という意味でこの単語を耳にすることもあります。talk in more detail の格上げ単語と言えます。

advance

動詞
- …を前へ進める、前進させる
- 改善する
- 発展する
- （成長や進歩を）促進する
- 高める、上げる、向上する

▶ 格上げ前の単語・表現

動詞

move forward「前に進む」
make progress「進歩する」
grow「成長する」
improve「改善する」

▶ ニュアンスと使い方

advance は「前に進む」の意味ですが、ビジネスでは、「仕事やキャリアで、目標や達成したいことに向かって進んでいる」ことに対して使います。単純に「前に進む」であれば proceed や move on がありますが、advance は成長、進歩、発展、改善の意味合いを含みます。ポジティブな意味合いがあるため、「良い方向に進める、促進する、改善する」という意味でもよく使います。

例えば、自分のキャリアを前進させたいと言う際に、I want to get promoted.「昇進したい」だと少々直接的ですし、I'm aiming to move forward in my career.「キャリアを前に進ませたい」だと若干曖昧です。ここで、advance my career と言えば、昇進の意味合いを含めることができますし、広い意味で前進したいことも表現できます。(実際、辞書で調べると「昇進・昇格させる」という意味が紹介されます。個人的には、They advanced him to Managing Director. のように

advancedを使うよりも、They promoted him to Managing Director. のように、promoteを使う言い方を聞きます。）

少しの差ですが、このような言葉の選択で洗練されたニュアンスになります。ただ、他の格上げ単語と共通することですが、全てのケースで置き換えられるのではなく、使いすぎると大袈裟すぎまたは「やりすぎ」な感じになってしまいます。以下の例文や現場での使い方を意識して感覚をつかんでください。

He was promoted twice and successfully advanced in his career path.
彼は２度昇進し、キャリアパスで前進することに成功しています。

She decided to study for CPA certification to advance her career.
彼女はキャリアを前進させるため、CPA認定の勉強をすることにしました。

AI technology has advanced significantly.
AIテクノロジーは著しく発展しました。

追加情報

形容詞のadvancedも格上げ単語です。

・予めの、事前の
・（予約、予告、注意など）始まる前に行われる

<格上げ前の表現>
done or given before something「何かの前に行われる、与えられる」

また、advance paymentは「進んだ支払い」ではなく「前払い」のことです。

I made an advance payment for the English lessons.
私は英語のレッスンの授業料を前払いしました。

「前払金」（名詞）はadvanceと言います。
The contract included an advance of one million yen.
契約には100万円の前払金が含まれていました。

examine

動詞 ●（何かをよく知るために）よく見る、詳細に調べる、研究する
●注意深く調べる、審査する

▶ 格上げ前の単語・表現

動詞

look at . . .「…を見る」
look at something carefully「注意深く見る」
look into「注意深く調べる」

▶ ニュアンスと使い方

名詞はお馴染みの examination（省略して exam）の「試験」です。examine には「試験をする」「検査する」「診察する」といった意味がありますが、ビジネスでも「調べる」や「検討する」の意味合いで使います。かしこまったニュアンスがあり、「深く吟味して事実や状況を見る、調べる」という意味合いで使う際に適した格上げ単語です。

Let's examine this a little more carefully.
これについて、もっとよく見てみましょう。

The police examined the crime scene for evidence.
警察は証拠を探すために事件現場を注意深く調べました。

The new research examined the effects of working remotely on productivity.
最新の調査はリモートワークによる生産性への影響を詳細に調べました。

The recent report examines gender biases at the workplace.
最新のレポートは職場でのジェンダーバイアス（性別に基づく差別、男女の役割について固定的な観念を持つこと）について詳述しています。

Let's examine all possibilities before reaching the decision.
決断する前に全ての可能性をよく検討しましょう。

We need to examine how we can minimize the risks of misdirected emails.
メールの誤送信のリスクを減らす方法を注意深く調査する必要があります。

追加情報

場合によってexamineではフォーマルすぎる、あるいは「格上げしすぎ」で適していないことがあります。例えば、何かをちょっと見ることを表現するときはhave a look at [something]やtake a look at [something]の方が適しています（特に口語の場合）。

同僚に「プレゼン資料を見てあげるよ」と言うときは、I'll examine your presentation materials. よりも、次のほうが自然です。

I'll have a look at your presentation materials.
プレゼン資料を見てあげるよ。

effort

名詞
- （特定の状況で）何かを達成するために行う活動や仕事
- 努力を必要とする取り組みや試み

▶ 格上げ前の単語・表現

名詞

activities「活動」

work「仕事」

activities in order to achieve X

「X を達成するための活動」

▶ ニュアンスと使い方

「努力」の意味でお馴染みのこの単語ですが、ビジネスでこの意味での使用はもちろん、「何かを達成するために行うこと」という意味合いでも頻出します。

Thank you for supporting our fundraising efforts.

私どもの募金活動にご協力いただきありがとうございます。

We appreciate your support for our recruiting efforts.

採用活動へのご協力に感謝申し上げます。

The cost-saving efforts paid off.

コスト削減に向けた取り組みが効果を表しました。

Our team joined the disaster relief efforts for the regions affected by the earthquake.

私たちのチームは震災の被害にあった地域の救援活動に参加しました。

追加情報

「努力」の意味でもよく使われます。以下のような例では、work hard や try hard、do a lot of work の格上げ単語になっていると言えます。

Kevin made every effort to speak the local language during his overseas assignment.
ケビンは海外駐在中、現地の言葉を話すようあらゆる努力をしました。

Further efforts at reaching an agreement were not successful.
合意へ至るためのさらなる努力は成功しませんでした。

A lot of time and effort went into completing the prototype.
プロトタイプを完成するために多くの時間と労力が費やされました。

estimate

動詞 ●…と見積もる、概算する、推定する

▶ 格上げ前の単語・表現

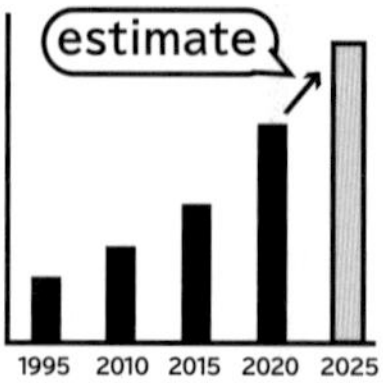

動詞

guess「推測する」
believe「…と思う」
think「思う」
suppose「…と思う」

▶ ニュアンスと使い方

この単語はguessと同じように個人的・主観的な見積もりや評価を表しますが、ビジネスではguessよりも洗練された印象です。

estimate to be X「Xだと見積もる」、estimate X at [number]「Xが［数字］だと見積もる」、estimate that . . .「…と推定する」などのコロケーションがあり、幅広く活用できます。

Researchers estimated the loss at one billion U.S. dollars.
調査団は損害額を10億ドルだと見積もりました。

It is estimated that the total cost would amount to a hundred million yen.
費用の合計額は1億円になると見積もられています。

Scientists estimate that the new drug will significantly reduce the mortality rate.
科学者たちは、その新薬が死亡率を大幅に下げると予測しています。

追加情報

名詞では「見積もり」や「推定」の意味で使われます。また、形容詞では次のような使用例もあります。

estimated cost of 10 billion U.S. dollars
「見積もり金額・推定費用100億ドル」

ちなみに、カジュアルではありますが、guesstimateという言葉があります。「推測による見積もりや推定、当てずっぽう」を意味し、見た目のとおり“guess + estimate”からくる造語です。フォーマルなプレゼンなどでは耳にしませんが、ちょっとした会話で出てくる可能性があります。日本の英語教材にはなかなか表れないので、知っていると楽しいですよね。

performance

名詞
- 個人の仕事ぶり、能力
- 実績、達成、成果
- 業績、功績、成績、売り上げ

▶ 格上げ前の単語・表現

名詞

work「仕事、仕事ぶり、仕事の実績」

how someone does a job「人の仕事ぶり」

▶ ニュアンスと使い方

performanceは「演奏」や「演技」などの意味があり、車やコンピューターの性能や動作についても「パフォーマンス」と表現することもあって、馴染みのある単語です。ビジネスでは個人の「仕事ぶり」、「どれだけよく仕事や業務ができるか」という意味で使われ、会社の業績についても用いる単語です。外資系企業では日本語で話すときもこの意味で(カタカナ語で)「パフォーマンス」と言います。

They questioned her performance as a manager.
彼らは彼女のマネージャーとしての仕事ぶりを疑問視していました。

Your performance will be evaluated on several criteria.
あなたのパフォーマンスは複数の基準に沿って評価されます。

All managers are required to meet with their direct reports to go over their performance review.
全てのマネージャーは部下と面談して仕事の勤務評定について話し合わなければいけません。

＊ performance review = 仕事の勤務評定

会社や業界の業績について用いることもあります。

The bonuses were dependent upon the company's performance that year.
社員のボーナスは会社のその年の業績に左右されました。

The performance of the technology sectors remains strong this year.
IT 業界の業績は今年も引き続き良好です。

追加情報

performer を用いて、high performer「成果や生産性が高い社員」、low performer「成果や生産性が低い社員」のように使うこともあります。

High performers constantly exceed expectations and demonstrate leadership.
ハイパフォーマーは頻繁に期待を超える仕事をし、リーダーシップを発揮する。

Low performers are seen as a risk to the overall team's performance and morale.
ローパフォーマーはチーム全体のパフォーマンスと士気にリスクを与えます。

target

名詞 ●（計画、生産、販売などの）達成目標、目標点、目標額・業績、功績、成績、売り上げ

▶ 格上げ前の単語・表現

名詞
goal「ゴール」
aim「目標」

▶ ニュアンスと使い方

goal も target も、「目標」や「達成したいこと」を表す点では似ていますが、goal の方が長期的に実現したいことやビジョンを指します。一方で、target はより小規模で、小さなステップと言えます。例えば、チームのゴールが長期的に「社員の会社とのエンゲージメントを高める」であれば、ターゲットは「毎週提供している社員向けの研修に最低 20 人参加してもらう」「会社の働きやすさに関するアンケートで回答率 70%以上を目指す」などとします。ゴールに向けてのステップやマイルストーン（道標となる重大な出来事・段階）と言えるでしょう。

そういう意味では goal の「格上げ」とは異なりますが、target のほうが具体性と明確さが高まります。また、この単語をうまく使えると、仕事の目標やビジョンをはっきり理解してゴールへ向かって進んでいる姿勢が伝わります。

Let's set a target of a thousand members by the end of the year.
年内までに 1,000 人のメンバーという目標を設定しましょう。

Because of the volatile markets, a lot of investors may not be able to achieve their targets.
変動の大きく不安定な市場により、多くの投資家が投資の目標を達成できない可能性があります。

August 1 is not a realistic target for revamping the website.
ウェブサイトのリフレッシュを改良させるための目標として 8 月 1 日は現実的ではありません。

次のような組み合わせで使うこともあります。

sales targets　売上目標
production targets　生産目標

The firm exceeded its sales targets and outperformed its rivals for four consecutive years.
その会社は売上目標を超え、競合他社に 4 年連続して業績で勝りました。

追加情報

〈target + 名詞〉で人やグループを指し、「意図している顧客や層」を表します。

The target audience for the new TV show is people ages 30 to 50 who are interested in sports.
新しいテレビ番組のターゲット視聴者は 30 ～ 50 歳でスポーツに興味のある層です。

目標日や目標日程については target date と言います。

The target date for launching the new campaign is April 2.
新しいキャンペーンの目標ローンチ日は 4 月 2 日です。

manage

動詞
- なんとかする、都合をつける
- 困難にもかかわらずなんとか成し遂げる、やってのける
- うまく対処する

▶ 格上げ前の単語・表現

動詞
make do「なんとかする」
cope「対処する」
deal with . . .「…に対処する」
do all right「うまくやる、なんとかやる」

▶ ニュアンスと使い方

manage には、manage a team「チームを運営する」や manage a mutual fund account「投資信託口座を管理する」などのように「経営・運営する、管理する」や「マネージャーを務める」の意味もありますが、困難な中で努力して何かを「成し遂げる、成功させる」の意味でも用います。日常ではこちらの意味でのほうが使う頻度がより高い単語です。

「やり遂げる」の意味では succeed もありますが、manage の方が「困難であったがなんとかできた」という背景が伝わります。

I somehow managed to solve the problem.
なんとか問題を解決することができました。

Did you manage to finish making the slides?
スライドの作成、なんとか終えられた？

＊手こずっていたことを知っている同僚に質問する場合。

The first meeting ran over, but I managed to get to my next meeting before it started.
最初のミーティングは長引いたけれども、なんとか次のミーティングには始まる前に間に合いました。

Despite all the issues that came up during the process, they managed to complete the task on time.
途中で様々な問題に直面したにもかかわらず、彼らは時間内にタスクを終わらせることができました。

「難しい状況の中で過ごす」「問題に対処できる」というニュアンスでは次のように表現します。

The internet was down, but we somehow managed to work without it.
インターネットがダウンして使えなくなっていましたが、なんとかネットを使わずに仕事ができました。

I don't know how she can manage a nine-to-five job with four school-age children.
学齢期の子供が４人もいながら、９時から５時のフルタイムの仕事をどうやってこなしているのかわかりません。

＊「大変だろうに、すごい」という気持ちを表現。

「なんとか…することができる」「力を借りずにできる」という意味でも使います。

A: Can I help you carry that?
それを持つのを手伝いましょうか？

B: I'm fine, thank you. I can manage.
いえ、大丈夫です（なんとか持てます）。ありがとうございます。

「時間やお金を無駄にせず効果的に使う」という意味で用いることもあります。

My manager told me that I need to manage my time more efficiently.
マネージャーは私に、もっと時間を効率よく使うようにと言いました。

追加情報

余談ですが、このような使い方もあります。

She somehow managed a smile.
彼女はなんとか（やっとのことで）笑みを浮かべることができました。

＊辛い、大変な状況の中で微笑んだという意味を表します。

Coffee Break 1

電話会議やビデオ会議で気を付けるべきポイント①
Tips and Phrases for Conference Calls and Video Conference Calls

電話会議やビデオ会議の機会が増え、face-to-face「対面」での会議とは違うコミュニケーションの課題が表れています。それが英語での会議となると、より高いハードルを感じる方もいるでしょう。

そこで、コントロールできることに目を向けて、より効果的な英語の電話・ビデオ会議のための tips と気をつけるべき点、そして役立つ表現を見てみましょう。

Tips

◆電話会議・ビデオ会議に共通する点

・間を置く余裕を持つ。(タイムラグがあるため、相手の反応や聞き取れているかどうかを確認するために必要)
・声のトーンで重要な点をわかりやすくし、ピッチやスピードの変化でほどほどにメリハリをつける。
・早めに発言する。貢献度が高まり、存在感を出す効果もある。
・質問や確認はその場で(話が進む前に)タイムリーに、ただし失礼のないように。
・静かな場所で参加する。重要な発言や質問を聞き逃す恐れを軽減できる。

◆電話会議

・発言する際は名乗る。(声だけではわからないため)
・発表や発言が決まっている場合はメモやスクリプトを読んでも OK。自然に聞こえるようにリハーサルするとより良い。練習することで緊張を抑えることもできる。
・集中する。デスクで受けられるため、ついパソコンの画面を見て他の仕事をするなどマルチタスクをして集中力散漫になりがちだが、それは避ける。

◆ビデオ会議

・表情を豊かにする。
・数字や数を示すときは指も合わせて示す。ただし、ジェスチャーが多いと見にくく、画面に入りきらず、相手の目が疲れることもあるので、使い過ぎには注意。

design

動詞 ●（企画や計画などを）設計する、立案する、構想をまとめる

▶ 格上げ前の単語・表現

動詞

plan「計画する」

come up with . . .「…を思いつく」

do / plan with a purpose「目的を持って行う、計画する」

to be aimed for (a purpose)「(目的のために）目指す」

have the purpose of . . .「…の目的を持つ」

▶ ニュアンスと使い方

模様や仕様の「デザイン」を連想することが多いでしょうが、特定のものの計画を立てたり、設計したりすることに対しても言います。新しい商品、政策、教材、ウェブサイト、キャンペーン、プログラム、システムなど幅広いことに対して使えます。「…するために設計した、立案した」のような言い方が多いです。

Created with the intention of . . .「…の意図があって作られた」と言うよりも、It was designed to . . . のほうが、また、We need to come up with a new plan to X.「X するための新しい計画を立てないといけない」よりも We need to design a new plan to X. のほうが簡潔で明確に伝わります。

Our goal is to design an application that would enable all processes to be carried out internally.
私たちの目標は、全てのプロセスを社内で行えるアプリケーションを設計することです。

The new promotional video was designed to appeal to young people.
新しいPR動画は若い人を惹きつけることを意図して作られています。

The course is designed to familiarize users about basic coding.
その講座はユーザーにコーディングの基礎に馴染んでもらうように作られました。
＊その「意図があった」というニュアンス。

This campaign was designed to increase awareness of the disease.
このキャンペーンはその病気の認知度を上げる意図の下に計画されました。

The government's new policy was designed to stimulate economic growth.
政府の新しい政策は経済成長を促進するために立案されました。

promote

動詞
- 進める、促す、促進する
- 奨励する

▶ 格上げ前の単語・表現

動詞

help「助ける」
support「援助する」
assist「手助けする」
boost「押し上げる、後押しする」
advertise「宣伝する」
encourage (someone to do something)
「(誰かが何かをするように）奨励する」

▶ ニュアンスと使い方

ビジネスでの格上げ単語としては大きく２つの意味で用います。１つは、「活動を助長する、活性化する、進歩を促す」意味です。次のように、様々なことに対して使えます。

promote diversity	多様性を促進する
promote understanding	理解を促す
promote competition	競争を促進する
promote growth	成長を促す
promote business	ビジネスを促進する
promote development	成長を支援する
promote efficiency	効率を促進する

We launched an internal campaign to promote diversity within the firm.
多様性を促進するために社内のキャンペーンを始めました。

Celebrities posted videos on social media to promote understanding of human rights.
人権への理解を促すためにセレブたちはソーシャルメディアに動画を投稿しました。

The department set up project groups to promote competition and innovation.
競争とイノベーションを促進するため、その部署はプロジェクトグループを作りました。

２つ目は「販売を促進する、宣伝販売する」の意味で、宣伝、ディスカウント、イベント、キャンペーンなどで、人の購買意欲をかきたてるときに言います。日本語の「販促、PR」と同じように使います。

We need to think of creative ways to promote products online.
オンラインで商品を宣伝して販売促進するためのクリエイティブな方法を考えなければいけません。

The actors are touring Japan to promote their new film.
俳優陣は新作映画のプロモーション活動をするために国内を巡回しています。

追加情報

promoteには「昇進する、昇格する」の意味もあるため、ビジネスではよく目にします。

Lisa was promoted to Head of Technology for APAC this year.
リサは今年、アジア太平洋地域のテクノロジー部の執行役員に昇進しました。

demand

名詞
- 要求、請求
- 需要（商品や人に対する）
- 差し迫った必要
- 要求物、要求される物

▶ 格上げ前の単語・表現

名詞
need「必要なもの」
request「要求」
wish「願い」
pressure「プレッシャー」
requirement「要求されるもの」

▶ ニュアンスと使い方

動詞の demand も使いますが、ここで注目したいのは名詞での使い方です。強い要求や要望を意味し、相手に断る余裕がある request に対して、demand はより強い必要性や差し迫ったニュアンスを含みます。権利としての強い要求（請求）という意味合いもあります。また、「需要」「（消費者、顧客、雇用主などによる）サービスや商品などへの要求」についても言います。よく使う組み合わせは次のとおりです。

high/low demand	高い・低い需要
increasing/falling demand	増大する・下落する需要
consumer demand	消費者需要
meet demand	需要に応える
satisfy demand	要求を満足させる
keep up with demand	需要についていく

There is increasing demand for flexible work arrangements.
柔軟な勤務体制への要求が大変増えています。

She had no choice but to give in to her manager's demand.
彼女は上司の要求に屈するしか選択肢がありませんでした。

Demand for online education is growing in recent years.
近年、オンライン教育の需要が高まってきています。

Pharmaceutical companies are struggling to meet demand for sleeping pills with few side effects.
製薬会社は副作用の少ない睡眠薬の需要に応えようと苦戦しています。

複数型の demands は「(特定の状況や人によって) 必要になったもの」を意味します。

Many working parents are struggling to meet demands of family and jobs.
多くの共働き夫婦は家庭と仕事が要求することに応えようと苦戦しています。

追加情報

要求の厳しいことを表す demanding も頻出します。厳しい・過酷な要求をする、注文が多すぎるというニュアンスです。誰かが demanding だと言うと、基準が高くなかなか満足せず、より多くの努力を相手にさせるという意味合いです。また、仕事が大変な労力や時間を要する、きつい、などという意味でも使います。

格上げされた単語は次のものです。

expecting more「より多くのことを期待する」
difficult「難しい」
needing a lot of work/effort/skill「多くの労力・努力・スキルを必要とする」

My boss is really demanding.
私の上司は要求がとても厳しいです。

She has a demanding job that requires her to work late nights and weekends.
彼女はきつい仕事をしていて､夜遅くと週末も働かなければなりません。

Customers are becoming more demanding as they get used to improved services.
サービスの向上に慣れてきたため、顧客はより多くを要求するようになっています。

be in demand「需要の多い」という表現もあります。

Masks are in great demand.
マスクの需要は非常に高いです。

His photography skills are in demand by many magazines.
彼の写真撮影の技術は多くの雑誌から需要があります。

Coffee Break 2

電話会議やビデオ会議で気を付けるべきポイント②
Tips and Phrases for Conference Calls and Video Conference Calls

聞き取れなかったとき、とっさに What? と言いがちですが、日本語の「何？」「何だって？」と似たニュアンスがあり、素っ気なく少し失礼な言い方となります。ひとことで言うなら Excuse me? または Pardon? がよいでしょう。それ以外の言い回しは次のとおりです。

◆聞き取れなかったとき

I'm sorry, but I didn't catch what you said.
すみません、おっしゃったことが聞き取れませんでした。
＊ catch「…を聞き取る」

Could you (please) say that again?
もう一度言っていただけますか。

◆雑音が聞こえる、相手の声が聞こえない

I'm sorry, but it's hard to hear you.
すみませんが、声が聞こえにくいです。

I'm hearing a lot of background noise.
後ろでかなり雑音が聞こえます。

Could you (please) speak a little louder?
もう少し大きな声で話していただけますか。

Your voice sounds a little distant. Could you (please) speak up a bit?
声が遠いようです。もう少し大きな声で話していただけますか。

Sorry—please go ahead.
すみません、どうぞ。
＊同時に話してしまったとき。

intense

形容詞
- 激しい
- 非常に強い、強烈な、強度の
- 真剣な、張り詰めた、集中した

▶ 格上げ前の単語・表現

形容詞

very strong「とても強い」
enormous「非常に大きい」
extreme「大変な」
tough「きつい」
severe「深刻な」

▶ ニュアンスと使い方

「激しい」の意味で、温度(intense heat/cold など)、痛み(intense pain)、色(intense color/red)、感情(intense love, intense emotions)などに対してよく使われます。ビジネスでは、努力や活動、競争、討論・議論などに対して言います。重大で張り詰めた状況も表します。仕事や考えについて言うときは、多くの努力や労力を必要とすることを表します。

The CEO is under intense pressure to make a decision.
CEO は強烈なプレッシャーを受けて決断を迫られています。

The rise of influencers has generated intense competition in the cosmetics industry.
インフルエンサーの登場により、化粧品業界で激しい競争が起きました。

The incident sparked an intense discussion about the treatment of part-time workers.
その事件はパートタイム従業員の待遇に関する真剣な討論につながりました。

The company has come under intense scrutiny following a series of financial fraud scandals.
その会社は金融詐欺事件が続き、厳格な調査が入っています。

Reading this book requires intense concentration.
この本を読むには非常に高い集中力が必要です。

＊努力や注意を要するというニュアンス。

追加情報

intense と intensive は意味が似ていますが、前者はより主観的な反応を強調し、後者はより客観的なニュアンスです。違いを理解するためによく挙げられるのが次の例です。

授業など、あるコースについて言うとき、intensive course は短期間で多くの内容をカバーするコースのことを指します。ところが、The course was intense. と言ったら、本人が「そのコースは多くの努力や集中力が必要でハードだった」と、その人が感じたことを指します。

I took an intensive three-week course in programming.
プログラミングの３週間短期集中コースを受けました。

レベル
2

使いこなせば 相手の対応が変わる 30単語

deliver

動詞
- （仕事や職務、約束したことを）実行・遂行・達成する、求められた結果を出す
- （プレゼンテーションや演説、スピーチを）行う

▶ 格上げ前の単語・表現

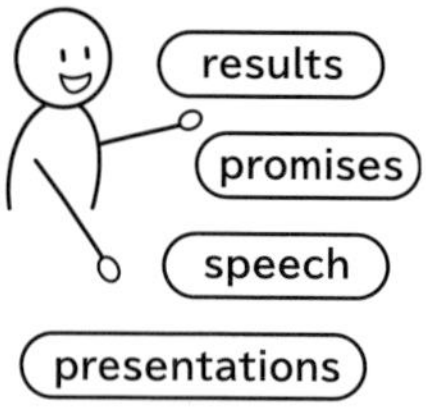

動詞

keep a promise「約束を守る」
give a speech/presentation「スピーチ・プレゼンをする」
give a lecture「講演をする」

▶ ニュアンスと使い方

日常生活では、配達（新聞なら deliver newspapers）や出産（deliver a baby）を意味する場合に使うことが多いですが、ビジネスでは次に挙げるような意味合いや使い方があります。一般的な単語である give に対して、deliver はより責任を伴い、「何かを行う・提供する（特にそれをすることが期待されている、求められている場合）」というニュアンスを含みます。プレゼンやスピーチについて言う際は、よりフォーマルなニュアンスがあります。

以下は、「約束したことを果たす、仕事や職務を遂行する」意味の例文です。

The management strategy has failed to deliver the promised results.
その経営戦略は約束した結果を出せませんでした。

The company promised more than they could actually deliver.
その会社は実行可能なこと以上を約束しました。

プレゼンテーションや演説・スピーチを行うときには次にように言います。

He delivered a powerful presentation about discrimination at the workplace.
彼は職場での差別について心に響くプレゼンテーションを行った。

The CEO will deliver an opening speech for the first quarter earnings announcement.
CEOは第1四半期決算発表のオープニングスピーチをします。

追加情報

「正式な声明を出す」の意味でも使うので、ニュースや映画でも聞く単語です。判決を言い渡すときにも使います。

The jury has delivered its verdict.
陪審員は判決を言い渡しました。

名詞のdelivery「デリバリー」と言うとpizza delivery「ピザの配達」のイメージがありますが、「配達、配送」についても使えます。

The expected delivery date will be June 1.
配達予定日は6月1日です。

address

動詞
- (問題や課題を) 認識・理解する
- (問題に) 対処・対応する、取り組む
- (聴衆など人に向けて) 何かを言う、スピーチをする、フォーマルなスピーチをする

▶ 格上げ前の単語・表現

動詞

deal with「対応する」

give a speech to
「…に対してスピーチをする」

speak to「…に話す」

▶ ニュアンスと使い方

　この単語は、問題や課題を認識した時点と、対処し始める時点に対して主に使います。認識した時点では recognize も使えますが、address はその後に実際に取り組み始める意味合いも含みます。よく聞くフレーズに、begin to address . . .「…に対して認識・対応し始める」や、we need to address these issues「こういった問題に対処しないといけない」があります。

There are many issues that need to be addressed before the company expands its business.
会社が事業を拡大する前に、対処するべき問題がたくさんあります。

The government needs to address issues of long work hours and wage disparity.
政府は長時間労働や賃金格差の問題に対処しなければいけません。

聴衆など人の集まりに向けて演説をしたり、発表したりするときにも使います。say to . . . や speak to . . . よりもかしこまったニュアンスがあります。

The president addressed the employees and encouraged them, saying "we expect continued growth for the next quarter."
社長は「次の四半期も事業の継続的な成長を予測しています」と社員に向けて言い、励ましました。

追加情報

誰かを呼ぶときや、敬称で呼ぶときにも使います。

The U.S. president is often addressed as "Mr. President."
アメリカの大統領はよく Mr. President と呼ばれます。

acquire

動詞
- 取得する、得る、手に入れる、入手する、買収する
- 身につける、学ぶ、習得する

▶ 格上げ前の単語・表現

動詞

buy「買う」
get「手に入れる」
gain「得る」
learn「学ぶ」

▶ ニュアンスと使い方

努力を伴うことや時間をかけて取得する場合に使うことが多く、言語やスキルなどの能力や知識を身につけるときに使います。また、財産、権利、名声などを得るときに対して言うことも多く、ビジネスでは特に評判、買収、入札、株式などに対して使います。

get や learn の格上げ単語ではありますが、場合によってはかしこまり過ぎていて適していないこともあるので注意が必要です。例えば新しい本を買うときに、I'm going to acquire a new book. と言うと違和感があり、少しオーバーで、意味なくカッコつけた感じになります。この場合は buy や purchase、または get で問題ありません。

購入して、またはもらって手に入れる場合には次のように表現できます。名誉や評判についても言います。

ABC Company acquired XYZ Company.
ABC社はXYZ社を買収しました。

The investor acquired 200 shares of stock in Jodansha.
投資家は冗談社の株を200株取得しました。

Mike acquired a reputation as a skilled presenter.
マイクは上手なプレゼンターという評判を得ました。

自身の努力や経験によって知識、技術、習慣などを習得する・身につける場合には、次のように使います。

She has recently acquired a taste for wine.
彼女は最近ワインを嗜好するようになりました。

Within two years, she acquired a basic knowledge of French.
２年足らずの間に彼女はフランス語の基礎を身につけました。

appreciate

動詞
- (事を) 理解する、受け入れる、認める、評価する
- (意味、意図、重要性、困難などを) 十分に意識する、察知する、察する

▶ 格上げ前の単語・表現

動詞

understand「理解する」

recognize「認める、受け入れる」

realize「気づく」

admit「認める」

▶ ニュアンスと使い方

"Thank you. I appreciate your help."

「ありがとう。助かりました」

感謝をする場面で使い、Thank you. の後に加えて気持ちをより伝える単語として appreciate はよく耳にすると思います。

筆者が外資系企業で働き始めたときまでは「感謝」での意味と、「価値や値段、数値が上がる」(depreciate の反対) の意味でしか知りませんでした。ですので、次の例のように、ミーティングで反対意見を言う際にこの単語を聞いたときは衝撃的でした。

"I do appreciate what you are saying. However, I have a different point of view."

「あなたが言っていることは理解しています。ですが、私は違う視点から見ています」

この appreciate は「ありがたく思う」ではなく、(相手が言ってい

ること、つまり意見を）「理解している、受け入れる、認める、評価する」という意味が込められていたのです。このように、ビジネス特有の単語ではなく、馴染みのある単語なのに今までと違う意味や使われ方をされている単語に触れるようになり、英語には言葉の組み合わせや使い方によって「格上げ単語・表現」や「丁寧レベル」「ビジネス向きの英語」があることに気づきました。それからはアンテナを張って、そのような単語や表現を覚えて自分でも取り入れるようにしました。

appreciateと聞いたときに、自動的に「感謝」の意味合いがあると思うのが自然かと思います。その意味のみを理解していると、例えば、I fully appreciate the problems.と言われたら、「問題があることに感謝をしている」と受け取り、誤解をしてしまいそうです。実際、格上げ単語として「理解する、察する」の意味はよく使われるので、知っておくと便利です。

We appreciate how difficult this situation is.
状況の難しさは十分に理解しております。

While I appreciate your sharing your opinion, I believe that we should go with plan B.
あなたの意見はよくわかりますが、私はプランBでいくべきだと思います。

I appreciate the fact that you have a difficult decision to make.
あなたは難しい決断をしないといけないということはよくわかります。

追加情報

ビジネスでは「（価値や値が）上昇する」の意味合いでも使い、こちらも格上げ単語です。

The value of this stock has appreciated by 20 percent in the last year.
この株の価値はここ1年で20%上昇しました。

report (to)

名詞 ●（マネージャーなど誰かの）管理下に入っている人、直属の人

動詞 ●（誰かの）直属になり管理下に入る

▶ 格上げ前の単語・表現

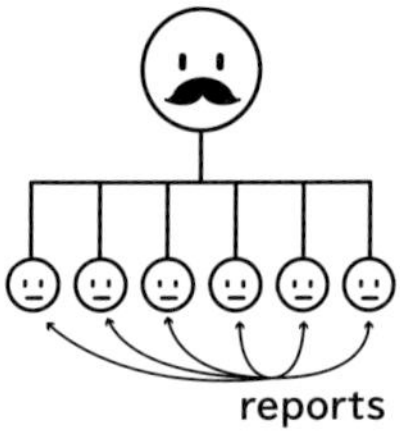

名詞

someone who works for/under . . .「…の下で働く人」

a subordinate「部下」

動詞

work under someone「誰かの下で働く」

be managed by someone

「誰かに管理されている」

▶ ニュアンスと使い方

reportの単語だけを見ると、学校に提出する「レポート」や調査などの「報告書」（名詞）、テレビや新聞の「報道」（名詞）、「報告すること」や「調査結果を説明すること」（動詞）が思いつくでしょうが、企業や組織での人事やマネジメントに関連して話すときにもよく聞きます。

上司や部下の関係性について話すとき、reportは上司やマネージャーなどのために仕事をする人を指し、組織内でのdirect reportは、直接その人の指揮下にいる人のことを指します。上司は、direct report「直属の人」に仕事を振り分け、パフォーマンスを評価するマネージャーの役割があります。

He has five direct reports, but also manages other

employees in the department.
彼には5人の直属の部下がいますが、部署の他の従業員も見ています。

Katy reports directly to the COO.
ケイティーはCOOの管理下に入っています。

Satoshi was promoted, and he now reports directly to the chief executive.
聡は昇進し、現在はチーフエグゼクティブの直属となりました。

追加情報

direct reportがあるということは、direct「直接」の反対のindirect「間接的な」reportもあるのかと思われたかもしれません。direct reportは直属の部下のことを言い、indirect reportはその部下のreports「部下」のことを指すことがあります。

また、上司はbossと訳されがちですが、実際に職場ではHe's my boss.やMy boss is . . . とはあまり言いません。少しカジュアルなニュアンスもあるので、同僚との話の中でMy boss is out of town this week.「上司が今週不在なんだ」というように使うかもしれません。

上司を表すときは、より具体的に以下のような役割に直結する言葉で表します。

manager「マネージャー」
line manager「ライン・マネージャー」

タイトル（仕事の職名、肩書き）で表すこともありますが、企業や組織によってタイトルの種類は異なります。

Managing Director (MD)「マネージング・ディレクター」
Executive Director (ED)「エグゼクティブ・ディレクター」
Director「ディレクター」
Vice President (VP)「ヴァイス・プレジデント」

従業員全般については、employeesやstaff membersなどと言いますが、雇用形態に応じた表現もあります。

full-time employee「社員」
permanent employee「契約社員」
contingent worker「派遣社員、契約社員」

launch

動詞 ● (プロジェクト、プログラムなどを) 開始する、立ち上げる
● (新しい商品などを) 売り出す、発売する
● 起動する

名詞 ● (プロジェクト、プログラム、活動などの) 開始、立ち上げ
● 発売の開始

▶ 格上げ前の単語・表現

動詞

start「始める」
begin「始める」
open「開く」
start selling「売り出す」

名詞

introduction「発表」

▶ ニュアンスと使い方

最近はカタカナ語の「ローンチ」がビジネスやマーケティングで使われるようになりました。ロケットの「打ち上げ」やミサイルの「発射」が最初に思いつく意味かと思いますが、企画や商品について述べるときも「立ち上げる」「起動する」「送り出す」のイメージがあります。新商品やキャンペーンなどについて使うと新しくて前向きに何かが始まるニュアンスが伝わります。

The company launched a new campaign to attract young customers.
若い顧客を引き寄せるため、その企業は新しいキャンペーンを開始しました。

Biseido launched a new line that specializes in sensitive skincare products.
美生堂は敏感肌に特化したスキンケアの商品を売り出しました。

ニュースでは次のような使われ方もあります。

The police launched an investigation into the insider trading incident.
警察はインサイダー取引の事件の捜査を開始しました。

名詞としては、新しい商品が売り出される、初めて公にされるなどのときに使います。新しい計画や活動の始まりについても使われます。

There will be a series of new product launches in April.
４月には新商品の発売開始が続く予定です。

The online training service has been extremely successful since its launch.
オンラインのトレーニングサービスは開始以来非常に成功しています。

The company saw a big sales spike just one week after the new product launch.
その企業は新商品発売のたった１週間後に急激な売上を確認しました。

engage

動詞
- （活動などに）参加する、関わる
- （興味や関心、注意を）引く、引きつける、引き寄せる
- 話に関わる、話し合いをする

▶ 格上げ前の単語・表現

動詞

involve (someone) actively
「アクティブに（人を）巻き込む」
keep people interested「興味を引かせ続ける」
have a conversation「会話をする」
draw the attention of . . .
「…の興味や注意を引く」

▶ ニュアンスと使い方

海外ドラマや映画で、We got engaged!「私たち、婚約しました！」や、She is engaged to Kevin.「彼女はケビンと婚約しています」などと、婚約の意味でこの単語を聞いたことがあるのではないでしょうか。

ビジネスでは「関わる」「引きつける」の意味で使います。似た単語に involve や attract もありますが、engage はより「気持ち」や「関心」に関わるニュアンスがあります。プレゼンテーションやマーケティングなど、人と人のコミュニケーションや interaction に関わる場面で使い、その中で気持ちや関心が生まれたり引きつけられたりする、というイメージです。

Let's try to get people more engaged in this discussion.
皆をこのディスカッションにもっと積極的に参加させましょう。

You need to engage your audience.
聴衆の興味や関心を強く引くようにしなければいけません。

＊プレゼンテーションの tips として使えます。

Using social media is a key strategy to engage with customers.
ソーシャルメディアの使用は、顧客とよりつながりを持つための大事な戦略です。

名詞として customer engagement strategies「顧客エンゲージメント戦略」のようにも使います。また、日本語でもカタカナの「エンゲージメント」をマーケティングや企業の人事などで使用するため、耳にしたことがあるかもしれません。これは、企業やブランド・商品と顧客の「つながり」、ソーシャルメディアでは投稿に対するユーザーの「興味」や「閲覧率」や「反応」、社員の会社に対する「愛着心」や「思い入れ」などを意味します。

追加情報

他にも、次のような使い方があります。

engage in a conversation　会話を交わす、対話（話し合い）をする
engage someone's interest　誰かの興味（関心）を引きつける

形容詞の engaging「引きつけるような」も使えるとよいでしょう。

Having an engaging personality is essential for becoming a good salesperson.
人を引きつけるような性格は良いセールスパーソンになるのに必須です。

illustrate

動詞
- （実例や比較を挙げて）説明する
- （図、例、挿絵などによって）説明する、明らかにする、例示する

▶ 格上げ前の単語・表現

動詞

show「見せる」
explain「説明する」
make clear「はっきりさせる」
describe「説明する、言い表す」

▶ ニュアンスと使い方

単語の中に「イラスト」があるので、「絵や挿絵を入れる、描く」ことが思い浮かびそうですが、ビジネスでは「例や比較を挙げて説明する」の意味で使います。挿絵や図解を入れて書籍の内容をわかりやすくさせたり鮮明にイメージしやすくさせたりするように、説明に具体例や比較を用いてわかりやすくする、というニュアンスです。

最もよくillustrateが代用される単語はshowまたはexplainと言えます。以下の例文のillustrateの代わりにshowかexplainを使っても同じように伝わりますが、illustrateのほうがさらにプロフェッショナルなニュアンスと具体性が出ます。

Let me give an example to illustrate my point.
このポイントを説明するために例を挙げます。

The results are illustrated in this graph.
結果はこの図で説明されています。

This example illustrates how AI could help the marketing businesses.
この例はAIがマーケティング産業の役に立つことを説明しています。

This case illustrates how supplements could have harmful side effects in high dosages.
この事例はサプリメントの大量摂取が身体に悪影響を及ぼす可能性があることを示しています。

追加情報

名詞のillustration「挿絵、イラスト」もおさえるとよいでしょう。

as an illustration . . .　**例えば、実例として**
As an illustration of his tech skills, he coded his own website.
彼のITスキルの一例を取ってみると、彼は自分で自身のウエブサイトをコーディングしました。

by way of illustration . . .　**実例として、説明として**
By way of illustration, what sells in Japan doesn't always sell in the U.S.
実例として、日本で売れるものは必ずしもアメリカで売れるとは限りません。

challenge

名詞 ●挑戦

動詞 ●（どちらが能力や強さで優れているかを判断するため）人に競争や試合などを挑戦する、何かをしようと挑戦する、あおる
●事実や正当性、誤りや不正を問題にする、疑う
●仕事や学問などが意欲をかき立てる、奮起させる

▶ 格上げ前の単語・表現

名詞

problem「問題」

trouble「問題」

動詞

question「問う」

disagree with . . .「…と同意しない」

object to . . .「…に反対する」

▶ ニュアンスと使い方

名詞の challenge は強さやスキル、技術、能力などを試す「難しいこと・もの」のことを言い、「面白味があり、興味を引く」というニュアンスが含まれる場合が多いです。

Speaking English with confidence is the biggest challenge for me.
自信を持って英語で話すことは私にとって最大の課題です。

We have many challenges regarding retaining talented employees.
優秀な社員のリテンションについて多くの課題があります。

＊ retention は、人材を維持すること、同じ企業で従業員が働き続けることの意味。

動詞のchallengeは、日本語では「挑戦する」ですが、英語では「異議を申し立てる」あるいは「人に競争や決闘などを挑む」の意味です。

He does not like it when someone challenges his authority.
彼は自身の権威に異議を唱えられることを嫌います。

The news reporter challenged the politician to explain his behavior.
その報道記者は政治家に対して行動を説明するよう求めました。

＊この場合は、「面白み」や「意欲を掻き立てる」ニュアンスではなく、疑問に思って説明するように挑む、挑戦する、という意味です。

Alice challenged me to a coding contest.
アリスがシステムのコーディングで競うことを挑戦してきました。

追加情報

次に挙げるようなコロケーションを覚えると便利です。

accept a challenge	挑戦を受ける
face a challenge	課題に直面する
rise to a challenge	難題に立ち向かう
present a challenge (to someone)	（誰かに）課題や挑戦を突きつける

take on a challenge, take up a challengeと言うと、その挑戦や大きな仕事を引き受けるという意味になり、そういう意味では日本語の前向きな「チャレンジする」と似ています。（ただし、日本語の「チャレンジ」と英語のchallengeは全ての場合で置き換えることはできないので注意してください。）

challengingは、仕事において「意欲や興味をそそる、やりがいのある」つまり「挑戦的だけど魅力的」というポジティブなニュアンスです。能力を試されていてやる気が増す、達成感がある場面で登場します。

例えば、難しいタスクについてThat task is difficult.と言うと、「難しい」ことは伝わりますが、そこで終わりです。「難しくて苦労している」ことは伝えられますが、challengingにある「やりがい」や「刺激的である」意味合いは相手に連想されません。

また、自身のパフォーマンスや仕事を振り返るとき、That work was challenging. と表現すると、hard や difficult よりも「難しいけれど積極的に取り組んだ、挑んだ」というニュアンスと前向きな姿勢が伝わります。

また、障害を持っている人々の呼び方として、people who are physically or mentally challenged という言い方があります。直訳すると「身体的または精神的に努力を必要とする人々」で、disabled people「障がいのある人々」の婉曲表現として使われます。障がい者を表す PC（= politically correct）な表現については常に様々な意見や見解がありますが、覚えておくと良いでしょう。

形容詞の challenging もおさえましょう。

・能力を試す（ような）

・意欲をかき立てる

・深く考えさせる

My job is challenging and rewarding.
私の仕事は刺激的でやりがいがあります。

＊多くを得る、というニュアンス。

That book was challenging to read.
あの本は読むのが難しかった。

＊難しかったが、読み応えがあったというニュアンス。

The job wasn't challenging enough for me, so I decided to look for another one.
その仕事はあまり手応えが感じられなかったので、転職することを決めました。

Coffee Break 3

電話会議やビデオ会議で気を付けるべきポイント③
Tips and Phrases for Conference Calls and Video Conference Calls

技術的なトラブルや、発言するときに言うフレーズを見てみましょう。

◆技術的トラブル

Sorry, I was on mute.
失礼、ミュートになっていました。

I think you're on mute.
ミュートになっているようです。
＊相手に言う場合。

I'm afraid the line is breaking up.
恐れ入りますが、接続が乱れているようです。

◆発言する、話に割り込む

Hi. It's Shinji here.
こちらシンジです。
＊この hi は「こんにちは」ではなく、「すみません」のような話し始めの合図の役割。

This is / It's Misa in Tokyo.
東京のミサです。

I'm sorry, (but) may I interrupt you for a second?
すみませんが、少し割り込んでもいいでしょうか。

Could I just confirm one thing?
ひとつ確認してもよろしいでしょうか。

Sorry to interrupt, but . . .
話の途中ですみませんが……

I just have a quick question.
ちょっと質問があります。

I'd just like to add that . . .
追加したいことがあるのですが……

issue

名詞
- 問題(点)、論争(点)、論点
- 問題の核心

▶ 格上げ前の単語・表現

名詞

problem「問題」
matter「課題」
topic「トピック」
point「ポイント」
concern「関心事、懸案事項」

▶ ニュアンスと使い方

議論されるべき問題点や決断が難しい案件、同意が得にくい点などがビジネスではよく持ち上がりますが、このような場面では issue が使われます。

和訳として「問題（点）」を挙げていますが、「問題」で思い浮かびがちな problem とはニュアンスが異なります。problem と区別するポイントは、1) 人によって意見が異なるトピック・論点であること、そして 2) problem と違って issue は diplomatic（関係や相手を傷つけずにメッセージを伝える・説得すること）であることです。

problem はより深刻で、解決しなければ悪影響や害のあるネガティブなニュアンスがあります。一方で、issue はそのニュアンスが薄れて、誰かのミスや責任などを連想させない言葉です。problem よりもソフトで diplomatic な響きがあります。ビジネスや政治、社会的な話題でもよく使われます。

もうひとつ付け加えると、problemにはsolution「解決策」があります。したがって、解決する必要があることに使われます。

The theme of the conference was economic issues.
カンファレンスのテーマは経済問題でした。

We will address these issues moving forward.
今後、我々はこれらの問題に取り組んでいきます。

Her comment raised an important issue about gender equality in the workplace.
彼女のコメントは職場でのジェンダー平等という重要な問題について提起しました。

Money isn't the real issue here.
ここでの真の問題はお金ではありません。
＊論点が違い、別にあることを指摘しています。

追加情報

issueは他の単語との組み合わせでも使用頻度が高いです。ビジネスシーンでよく出てくる例をいくつか挙げます。

have issues (with something/someone)
（何か／誰かに対して）問題がある、課題がある

Alice has major issues with her boss.
アリスは上司との関係性でいろいろと大きな問題がある。

I have issues with confidence and need to work on building it.
私は自信を持つことが課題で、より自信を持てるように取り組んでいます。

at issue　**話していることや論争の核心、一番重要な点**

We need to deal with what's really at issue here.
実際に問題の要点となっていることに対処しなければいけません。

The point at issue is what is best for our clients.
最も大事な点は、クライアントにとって何がベストかということです。

heads-up

名詞 ●予告、（相手が心の準備ができるように）前もって伝えること
●状況や計画の進行や展開について前もって伝えること

▶ 格上げ前の単語・表現

名詞

(prior/advance) notice「（事前の）お知らせ」
warning「警告」
inform beforehand「事前に伝えること」

▶ ニュアンスと使い方

Heads up！は「（上から落ちてくるものなどに）気をつけて！　頭を上げて！」を意味する表現です。例えば道を歩いていて木の枝が落ちそうになるのを見たら、その下を歩いている人に “Heads up! There's a branch falling.”「気をつけて！　枝が落ちそうです」と言います。ビジネスで言うheads-up（ハイフンが入ってひとつの言葉になることが多いですが、入れない人もいます）はこの意味に由来していると思われます。「予告する」「注意するために声をかける」ことで、相手を（予告・注意していることに）準備させることができます。

日本語でも「ヘッズアップする」などとカタカナ語を使うこともあります。

Thank you for the heads-up.
前もって知らせてくれてありがとう。

Our boss gave us a heads-up that the meeting might be cancelled.
上司はミーティングがキャンセルになるかもしれないと予告をしました。

Please give me a heads-up if you're able to drop by.
立ち寄れそうだったら前もって知らせてね。

I'll give my manager a heads-up just in case.
念のためマネージャーに前もって知らせておきます。

Hi, just as a heads-up—I'm thinking about taking some time off later this month.
ちょっと前もってお知らせするけど、今月の後半に休みを取ろうと思っているんだ。

I just wanted to give you a heads-up about something.
ちょっと注意を向けていただきたいことについてお知らせします。

（メールで）

This is just a heads-up that we will have a visitor from the New York office next week.
来週、ニューヨークオフィスからの来客がくることをお知らせします。

significant

形容詞
- 重要な、重大な、著しい
- 意味のある、意義深い
- 大きな影響を与える
- 多大な、かなりの、大幅な、際立った

▶ 格上げ前の単語・表現

形容詞

very important「とても重要な」
special「特別な」
serious「重要な」
greatly「大変」
very much「とても」
full of meaning「大きな意味のある」
large「大きい」

▶ ニュアンスと使い方

数字や変化の程度が大きく、「意味がある、重要度が高い、影響が大きい」などと言いたいときには big や important が思い浮かぶかもしれませんが、少し弱く単純な印象を与えます。これを significant に置き換えると、その度合いも印象も格上げされます。例えば、really important や very important と言うよりも significant と表現する方がインパクトがあります。

また、There was a really big increase in sales in the last quarter.「前四半期、売上がとても大きく増えた」は重大さがそれほど伝わらず、少し幼稚にすら聞こえますが、There was a significant increase in sales in the last quarter.「前四半期、売上が著しく伸びた」ならば、格上げされインパクトあるニュアンスが出ます。

The differences were not statistically significant.
この違いは統計的に重要ではありませんでした。

This development marked a significant breakthrough in AI technology.
この発展はAI技術における大いなるブレイクスルーとなりました。

We'd like to thank Mari for her significant contribution to the team.
マリのチームへの多大な貢献に感謝申し上げます。

The company's bankruptcy brought significant change to the entire financial industry.
その企業の倒産は金融業界に重大な影響をもたらしました。

After some leadership changes, the company experienced a significant drop in overall sales.
経営陣数名の入れ替えがあったのち、その企業は全体の売り上げが大幅に落ちました。

Exceeding sales targets by 30 percent was a significant achievement for the team.
売上目標が30%超えたことはチームにとって意義深い業績となりました。

追加情報

significantlyの代わりにdramaticを使い、Sales increased dramatically.「売上が劇的に増えた」と言うこともあります。日本語の「ドラマティック」とは少々ずれますが、「劇的に」「印象的な」という意味でビジネスでも使う単語です。同じようにdramatic increase「急激な増加」とも言います。

余談ですが、significant otherという表現があり、直訳すると「重要な他」ですが、「重要な他＝恋人、パートナー、配偶者、同棲している相手」など、特別な関係を持っている、あるいは大切だと思っている人を指します。ビジネスでプライベートな話をするときに、英語ではhusband, wife, spouse「配偶者」以外にpartner「（婚約関係にあってもなくても）パートナー」などとも言います。筆者は個人的にsignificant otherと聞くことは少なくなりましたが、パーティーの招待状などにYou are welcome to bring your significant other.「どうぞ大切な方を連れてきてください」のように記載される場合もあるので、使わなくても理解しておくと便利な言葉です。

explore

動詞
- (原因、事実などを) 調査する、検証する、探る
- (問題、オプション、可能性などを) 探る、調査する、探求する
- 検討する

▶ 格上げ前の単語・表現

動詞

deal with . . .「…を対処する」
discuss「話し合う」
talk about . . .「…について話す」
think about . . .「…について考える」
look at . . .「…を見る」

▶ ニュアンスと使い方

explore と聞くと、explore the Pacific「太平洋を探検する」、explore space「宇宙を探検する」など「探検」を連想するかもしれませんが、ビジネスでもそのイメージを応用したニュアンスで使います。「アイディアや提案を検証する、探検するように調査する」という感じでしょうか。think about や consider よりも広く検討するようなニュアンスが含まれます。宇宙や土地を探検するように、ビジネスでもコンセプトや提案の様々な面を「旅するように探る」ことはありませんか？そのような場面で活躍する単語です。

Let's explore other options.
他の選択肢も検討しましょう。

Let's explore this idea a little further.
このアイディアをより深く考えてみましょう。

She is exploring new job opportunities.
彼女は新しい仕事を探しています。

HR is exploring the possibility of incorporating AI into their recruiting efforts.
人事部は採用活動に AI を取り入れることを検討しています。

＊ explore the possibility もよく耳にする表現です。

In her book, the author explores five significant issues that contribute to global warming.
彼女は著書で温暖化につながる 5 つの顕著な問題点について検証しています。

We need to explore new ways to cut costs.
コスト削減のために新たな方法を探らなければいけません。

The management team needs to explore other ways to improve employee engagement.
社員のエンゲージメントを高めるための新たな方法を役員たちは探らなければいけません。

consider

動詞
- 考慮する、検討する、考察する
- よく考える、熟考する、慎重に考える（特に決定や理解をするために）
- 考慮に入れる

▶ 格上げ前の単語・表現

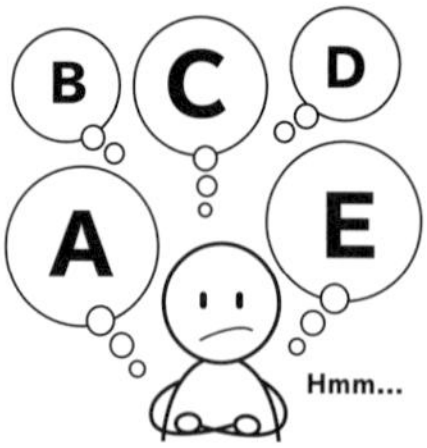

動詞

think carefully (about)「（…について）よく考える」

regard「考察する」

▶ ニュアンスと使い方

考えることを表す際に、think 以外の単語が使えると便利で、考えている程度やどのような考え方をしているかをより詳細に表現することができます。considerはそのひとつで、決断をするためや行動をとるため、理解するために考える場面で特に使われます。まだ最終決断に至っていない意味合いも含まれます。何かを購入するときや、採用する目的で検討する場面でも言います。使用に際して、以下の2点はよくある間違いなので、注意してください。

〈注意1〉 think about . . .「…について考える」とは言いますが、consider about とは言いません。discuss about, explain about, mention about と言わないのと同じで、よく耳にする間違いです。

〈注意2〉　文法的に正しい用法は次のとおりです。consider to とは言いません。

誤：I considered to ask him for feedback.

正：I considered asking him for feedback.

Thank you for your suggestion. I will consider it carefully.
ご提案ありがとうございます。十分に検討いたします。

That might be an option, but we also need to consider alternatives.
それは選択肢のひとつですが、他も検討する必要があります。

They might consider rejecting our offer if they feel that the timing is not right.
タイミングが好ましくないと感じた場合、彼らは我々の提案を却下することを検討するかもしれません。

She considered changing jobs because it was too demanding for her.
仕事が過酷だったため、彼女は転職を検討しました。

I had seriously considered talking to HR about the issue, but decided it might be too early.
人事部にこの件について話そうかと真剣に検討しましたが、まだ時期が早いかもしれないという結論に至りました。

All things considered, their proposal was the best.
全てを考慮すると、彼らの提案がベストでした。

＊ all things considered はひとつのフレーズで、「全ての事実や検討事項を考慮した上で（決断をした）」「万事を考慮に入れて」という意味です。

He's considering a job in Tokyo.
彼は東京での仕事に就こうかと考えています。

We are considering her for a managerial position.
彼女をマネージャーのポジションに採用することを検討しています。

メールの署名のあとにこのような文言が入る場合があります。

Please consider the environment before printing this email.
このメールをプリントする前に環境への配慮をお願いいたします。

追加情報

consider は、何かや誰かに対して「(ある特徴があるように) 見なす」「…のように思う (意見を持つ)」という意味でも使います。regard as や think of as などの格上げ単語でもあります。

Everyone on the team considered him a responsible, hard-working, and pleasant colleague.
チームの皆は彼を責任があり、努力家で良い同僚だという風に見ていました。
Some job-seekers consider salary to be the top priority when looking for a new job.
求職者の中には、新しい職を探すときに収入が最優先事項だと見なす人もいます。
Jay was considered a high performer by his managers.
上司たちはジェイのことを成果を上げる優れた人材だと見ていました。

Coffee Break 4

英文メールの冒頭の１行
Opening Lines of Emails

英文メールについて、「メールの冒頭の１行は何を書けばいいですか？いきなり本題に入っても問題ないですか？」という質問をよく受けます。

簡単に答えると、"yes" — いきなり本題に入っても基本的に問題ありません。時候の挨拶や季節の話題、「お世話になっております」のような決まり文句、「ABC 会社の XYZ です」のように毎回名乗るような文は不要です。

ただし、本題に入る際は要件が何かわかるようなひとこと（ミーティングなどの出来事ややりとりにつながるひとこと）を添えるとスムーズです。例えば、メールの返事をいただいたのであれば、次のような１行があると自然です。

Thank you for your reply.
お返事ありがとうございます。

打ち合わせをしたのであれば、以下がよいでしょう。

Thank you for taking the time to meet with us yesterday.
昨日は打ち合わせのためにお時間をいただき、ありがとうございます。

ほかにも、次のような書き出しがあります。

I'd just like to give you a heads-up that . . .
お知らせしておきたいことがあるのですが……

I'd just like to follow up on . . .
…について現在の状況を確認したいのですが……

This is a gentle reminder that . . .
リマインドのご連絡になりますが……

This is to inform you that . . .
……についてお知らせします。

I'd just like to update you on . . .
……の進歩についてご連絡します。

identify

動詞
- (原因などを) 特定する
- …と認定する
- (何かであることを) 確認する、識別する
- (ものや存在を) 突き止める、発見する

▶ 格上げ前の単語・表現

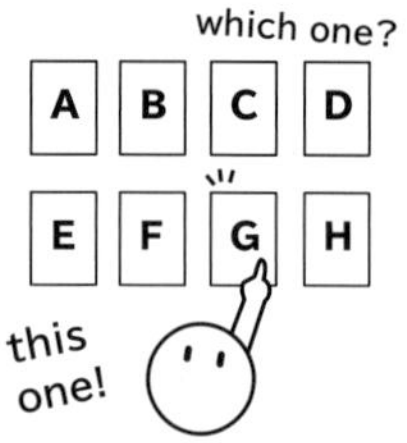

動詞

recognize「特定する」
confirm「確認する」
name something/someone
「何か・誰かを特定する」

▶ ニュアンスと使い方

「身元」や「正体」を意味するidentityとの関連が想像できるidentifyですが、実際に「問題点や原因などを特定する、明らかにする、突き止める」という意味で使われます。また、調査や比較などをした結果「選ぶ、特定する」というニュアンスもあります。

We need to identify the needs of the clients.
クライアントのニーズを特定しなければいけません。

Have you identified the source of the information?
情報源は特定できましたか？

Let's identify the main issues.
一番重要な点を明確にしましょう。

We need to identify the root cause before we take the next step.
次の段階に進む前に、問題の根本を特定する必要があります。

Researchers identified the link between productivity and lack of sleep.
研究者は、生産性と睡眠不足の関連を突き止めました。

The first step is to identify the target audience.
最初のステップは対象とする読者を特定することです。

追加情報

「身分を明らかにする、身元を確認する」という意味での identify は以下のように使います。

The shoplifter refused to identify himself.
万引き犯は自分の身元を明らかにすることを拒否しました。

ID と省略することもあります（カジュアルな口語です）。

The waiter IDed me when I ordered a beer.
ビールを注文するとき、ウェイターが身分証明を確認しました。

＊未成年ではないことを証明する際、アメリカでは ID カードや身分証明になるものを提示するよう求められます。もし写真つきの身分証で年齢を確認できない場合は、アルコールは提供しません。未成年に提供して警察に知られたら、アルコール提供ライセンスを失うからです。

expand

動詞
- 広げる、拡大する、拡張する
- 膨らませる、膨張させる

▶ 格上げ前の単語・表現

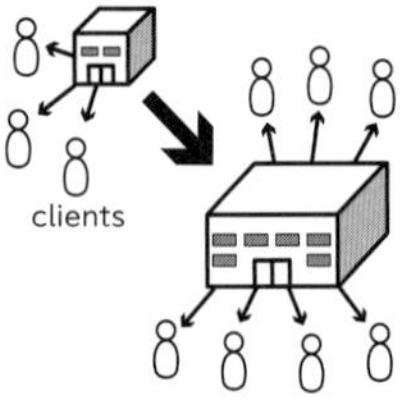

動詞

make bigger「より大きくする」
grow larger「より大きくなる」
increase in size「拡大する」
spread「広げる」
grow「成長する」

▶ ニュアンスと使い方

範囲や大きさなど目に見えるものから、知識や事業などの規模・程度に関することまで、「広がり」や「増加」を表します。big を使って「大きくなる」ことを説明しようとすると、少々幼稚に聞こえてしまいます。The company is becoming bigger.「その会社は大きくなっています」は間違いではありませんが、少々知的なニュアンスに欠けるので、この場合は The company is expanding.「その会社は拡大しています」と言いましょう。

The company plans to expand its business in the Asia-Pacific region.
その会社はアジア太平洋地域に事業を拡大する予定です。

The company expanded its service to customers outside

the U.S.
その会社はアメリカ以外に在住する顧客にサービスを広げました。

They announced that they will expand into the Asian market by 2021.
彼らは2021年までにアジア市場へ進出する計画を発表しました。

The cosmetics brand plans to expand its client base to the Gen Z population.
その化粧品会社はZ世代に顧客層を広げる予定です。

Researchers are optimistic about an expanding economy within the year.
研究者たちは年内の経済の拡大に前向きです。

追加情報

単語のあとにonをつけてexpand onにすると、「より詳細を述べる」「議論や話を発展させる」の意味になります。こちらは次の格上げ単語で、ビジネスでも頻出します。

〈格上げ前の単語・表現〉
explain more about . . .「…についてもっと説明する」
add more details on . . .「…の詳細をさらに加える」
give more information on . . .「…の情報をもっと出す」

Kelly proposed a few new ideas, but didn't expand on them.
ケリーはいくつか新しい提案をしましたが、詳しく話しませんでした。

Could you please expand on that point?
その点について詳しく話していただけますか？

opportunity

名詞
- 機会
- 好機、適時

▶ 格上げ前の単語・表現

名詞

chance「機会」
good time「いいタイミング」
right time「ちょうどよい時」

▶ ニュアンスと使い方

何かをするための機会や好機（特にやりたいことや目標としていたことができるようになる機会や状況）を表します。chance と似た意味ですが、chance のほうが「運や偶然性によって起きる機会」というニュアンスで、opportunity は「自身の努力や状況によって得られた機会」のニュアンスです。言い換えると、chance は自分の力ではコントロールできない機会や、たまたまやってきた機会の場合に使われ、opportunity は特に仕事や努力している分野で、自分にとって好ましい機会（やりたかったことや、やらなければならないことをする機会）を指します。

An opportunity will soon come along if you keep on doing your best.
努力していれば、近いうちに機会が訪れるはずですよ。

She decided to take advantage of the opportunity while she could.
彼女は可能なうちにこの好機に乗じることにしました。

You should seize this opportunity!
この好機を逃さずにつかむべきだよ！

She saw it as an opportunity to ask for a raise.
彼女はそれを昇給を求めてみる機会だと見なしました。

スピーチなどでも次のような言葉を聞きます。

I'd like to take this opportunity to thank all the members on my team.
この機会に、チームの皆様全員に感謝を述べたいと思います。

Thank you very much for the opportunity to speak to you today.
今日は皆様にお話しする機会をいただき誠にありがとうございます。

追加情報

opportunity は同じく名詞で「出世、昇進、向上などの機会」を意味することもあります。転職活動中もよく目にするでしょう。job opening「求人、空いたポジション」、role「仕事上の役目、果たすべき役割」、position「ポジション、職、役職」などと似た意味です。ただし、全ての場合で置き換えられるわけではないので注意が必要です。

I'm looking for a job in journalism.
→ I'm looking for opportunities to work in journalism.
ジャーナリズムの仕事を探しています。
→ジャーナリズムで仕事をする機会（求人）を探しています。

Thank you for introducing me to this position.
→ Thank you for introducing me to this opportunity.
このポジションをご紹介いただきありがとうございます。
→この機会をご紹介いただきありがとうございます。

approximately

副詞
- おおよそ、だいたい、約
- ざっと

▶ 格上げ前の単語・表現

副詞

about「約」
almost「ほぼ」
roughly「だいたい」
just about「だいたい」

▶ ニュアンスと使い方

「だいたい」と言うときに about を使うことが多いと思いますが、少々カジュアルに聞こえます。一方、approximately はややフォーマルでビジネスに適したニュアンスがあります。アカデミック・ライティングや、医療系またはテクニカルな文書でも approximately を使用したほうがよいでしょう。数、量、距離、時間などに対して使います。

The meeting lasted approximately half an hour.
ミーティングは約 30 分で終わりました。

It will take approximately ten days to gather the results.
結果を集めるのにだいたい 10 日かかります。

My commute is approximately 30 minutes door-to-door.
私の通勤時間は片道約 30 分です。

The firm reduced its workforce by approximately 10 percent.
その企業はおおよそ10%の従業員を削減しました。

The table is approximately the size of a tatami mat.
テーブルはおおよそ畳一畳の大きさです。

Approximately one-fourth of the employee population use flexible work arrangements.
従業員の約４分の１が柔軟な就労形態を活用しています。

追加情報

approximatelyの言い換え表現には次のものがあります。about以下ではそれほど差はありませんが、ニュアンスの格上げ順になっています。

The cost is approximately 10,000 U.S. dollars.
コストは約10,000米ドルです。
The cost is about 10,000 U.S. dollars.
→「大体、およそ」のニュアンス。
The cost is around 10,000 U.S. dollars.
→特に時間や数に対して使い、推測しているニュアンスがあります。
The cost is roughly 10,000 U.S. dollars.
→「だいたい、大雑把に言って」のニュアンス。だいたいのイメージを表現するときに使います。
The cost is somewhere around 10,000 U.S. dollars.
→「だいたい…あたり、…のあたり」のニュアンス。
The cost is 10,000 U.S. dollars or so.
→カジュアルな表現。

メールなどの書き言葉ではapprox.と省略されることがあります。ただし、クライアント向けなどのフォーマルなメールや文書の際はapproximatelyと書いたほうがよいです。

The length is approx. four meters.
長さは大体４メートルです。

forecast

動詞
- 予報する
- 予測する、予想する
- 先を見越して用意する

名詞
- 予報、予測、予想

▶ 格上げ前の単語・表現

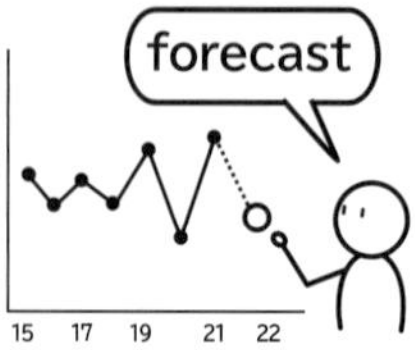

動詞

estimate「推定する」
predict「予測する」
guess「見当をつける」
calculate「予測する」

名詞

estimate「予測」
guess「見当」

▶ ニュアンスと使い方

weather forecast「天気予報」から「予報」のイメージがあった単語なので、筆者がビジネスの文脈で初めて聞いたときは、「天気だけじゃないんだ！」と目からウロコでした。天気と同じように、経済やトレンドなどの計算や見積もりなどによる予測といった、この先に起こるであろうことの予想についても言います。

次の文を見てみましょう。

Analysts are saying that the unemployment rate will continue to rise.
失業率は上がり続けるとアナリストは言っています。

　これを、Analysts are forecasting that . . . や Analysts forecast that . . . に変えると、より格上げしてプロフェッショナルなニュアンスになります。Analysts predict that . . . のように言ってもいいでしょう。

〈動詞〉

Analysts are forecasting a downturn in the market as a result of the protests.
アナリストはデモの影響で相場の下落を予測しています。

Researchers forecast that the economy will grow by 4 percent by the end of next year.
研究者は来年の終わりまでに４％の経済成長を予測しています。

〈名詞〉

　次に挙げる例のように、sales forecast「売上予測」や economic forecast「経済予測」といった組み合わせで使うこともあります。

The firm will announce the annual sales forecasts.
その会社は年間の売上予測を発表します。

Analysts provided a gloomy economic forecast for the coming year.
アナリストらは向こう１年について厳しい経済予測を出しました。

The economists' forecasts were on target this time.
経済学者たちの今回の予測はぴったり当たりました。

postpone

動詞 ●延期する、延ばす
●予定を延期する

▶ 格上げ前の単語・表現

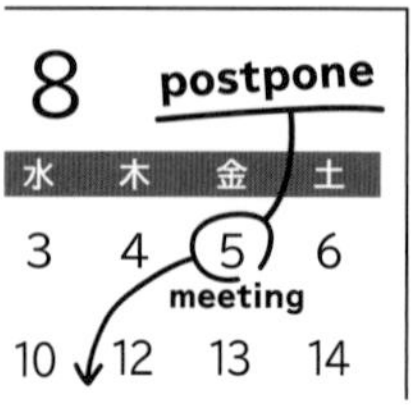

動詞

put off「延ばす、先延ばしにする」
put back「延ばす」
change to a later date「日にちを延期する」

▶ ニュアンスと使い方

予定について話をするときに頻出する言葉です。change to a later date や put off (the date) とも言えますが、同じことが postpone 一語で簡潔に伝わります。延期する日程が決まっていなくても使えます。また、他に優先順位や重要度が高い予定などが入ったときに、postpone doing X「X することを延期する」と言うこともあります。

Claire decided to postpone her departure for Singapore.
クレアはシンガポールへの出発を延期することにしました。

The meeting has been postponed until next Wednesday.
ミーティングは来週の水曜日まで延期することになりました。

If it's OK with everyone, let's postpone the conference call until next week.
もし皆さんがよければ、電話会議は来週まで延期しましょう。

We will postpone the deadline for registration.
登録の期限を延ばします。

Unfortunately, the event has been postponed indefinitely.
残念ながら、イベントは無期限に延期されてしまいました。

プライベートでも次のような場面で登場します。

Let's postpone our trip until October.
旅行は 10 月まで延期しよう。

The baseball game had to be postponed until next week.
野球の試合は来週に延期されなければなりませんでした。

The game has been postponed twice because of bad weather.
試合は悪天候により 2 回延期されました。

追加情報

予定の変更に関する単語はバリエーションがあります。change the date (to) . . . と言うよりも具体的に伝えることができる表現をいくつかご紹介しましょう。

bring forward	もともと予定していた日程から早める、繰り上げる
push/move back	もともとあった予定を遅らせる、延期する
reschedule	予定を変更する
pencil in a date	仮に予定に入れておく

＊「あとで変更になる可能性があるので鉛筆で書き込んでおく」というイメージです。

fix a date	予定・日程を決定する

investigate

動詞
- 調査する、取り調べる
- 原因などを詳しく調べる

▶ 格上げ前の単語・表現

動詞

look into . . .「…を調べる、調査する」

check to find out (something)

「(何かを) 見つけるために調べる」

▶ ニュアンスと使い方

「調べる」「調査する」にもニュアンスの違いがあり、使い分けることができます。investigate というと、警察の捜査や取り調べ、また、学術的な研究といった大きなイメージが強いかもしれません。しかし、この単語は日常のことに対しても使います。言葉の意味を調べる程度のことには適していませんが、例えば問題の原因や、何かがもたらした効果や影響などを詳しく調べるような場面で使います。

We are still investigating the cause of this error.
私たちは現在もミスの原因を調査中です。

The firm hired external auditors to investigate the financial fraud.
その会社は金融詐欺を調査するため外部の監査を採用した。

We are investigating how the error in the initial report had occurred.
我々は最初の報告書でどうやって誤りが起きたか、その原因を調査しています。

The marketing team is investigating different approaches to increasing brand awareness.
マーケティングチームはブランドの認知度向上のための様々なアプローチを研究しています。

The SEC will investigate whether any firms violated federal securities laws.
アメリカの証券取引委員会は企業が金融（証券）規則に違反していないか調査を行ないます。

＊ SEC = U.S. Securities and Exchange Commission「証券取引委員会」

日常会話ではlook into X「Xについて調べる」のほうが自然に聞こえ、より頻繁に使います。

I'll look into it and get back to you.
その件について、調べて折り返します。

追加情報

英語での「調べる」は次のように使い分けます。

search　探す、調べる
research　綿密に調べる、調査する、研究する
explore　探究する、詳しく知るために考える、調査する
look up　（辞書などで）調べる、検索する
check　（確認のため）調べる、（他と照らして）確認する

resource(s)

名詞
- 人手、人材、資金、物(のストックやサプライ)
- 資源、資金、要員
- (人の) 資質

▶ 格上げ前の単語・表現

名詞

money「お金」
fund「資金」
staff「スタッフ、職員」
supplies「物質」
things to use (to reach a goal)「(目標などのために) 用いるもの」

▶ ニュアンスと使い方

辞書で調べると、「物資」「資源」「財源・貯蓄」の意味がトップに出ることが多い単語です。土地、石油など、そのようなイメージもあるかと思います。ビジネスでは、財源も含みますが、組織や人が「効率よく効果的に何かをするために運用・活用できる『人材、スキル、資金、物』」を指します。staff、skill、funding、materials などと個別に示さなくても、resources の単語ひとつでカバーできます。また、あまり具体的に述べると必要以上に詳細になってしまい、マイナスのイメージになることがあります。

日本語でも、「今は人材不足で……」と言うと、「人手やスキルを持った人がいないのだな」と具体的に想像してしまいます。一方で、「現在はリソースが不足しています」と言えば、人材、資金、物など、目標を達成するのに必要な「資源」について曖昧に表現でき、かつプロフェッショナル感が保てます。

The marketing department decided to allocate more resources to the project.
マーケティング部はもっと人材のリソースをプロジェクトに割り当てることにしました。

Let's leverage all available resources to meet the target date.
目標の日程に間に合うように、可能なリソースを全て活用しましょう。

To cut costs, the company aims at maximizing its current resources instead of hiring additional employees.
会社はコスト削減のため、新たに人材を雇用する代わりに現在のリソースを最大限に活用しようとしています。

They invested a lot of time and resources to launch their new marketing campaign.
彼らは新しいマーケティングキャンペーンを立ち上げるために多くの時間と人材や資金を投資しました。

　少し意味合いが変わりますが、本や機材などの「情報を得るために使うもの」という意味もあります。

Libraries and computer labs are essential resources for university students.
図書館とコンピューター室は大学生にとって重要なリソースです。

追加情報

「人事部」のことを英語で human resources department（略して HR）と言います。resources の意味が表れていて、「人的資源」つまり「人材」のことを指すことがわかります。企業によっては、「人材」を human capital と表現することがあります。

project

動詞
- 予測する、見積もる
- 結果などを想定する、予想する
- 産出する

▶ 格上げ前の単語・表現

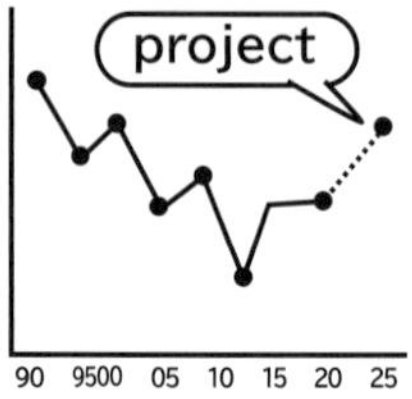

動詞

estimate「予測する、見積もる」
estimate based on present trends
「現在の傾向に基づいて予測する」
calculate「計算する」
predict「予測する」
expect「予測する」

▶ ニュアンスと使い方

project は名詞の「企画」や「計画」の意味で頻繁に使いますが、estimate「予測する」の意味でも用います。現在の傾向や起きていること、データや情報などをもとに、今後の推定や予測について言います。コスト、量、パーセンテージなどに対して使われ、ビジネスシーンで使用されることが多い単語です。It is projected that . . .「…と予測されている」や Experts project that . . .「専門家は…と予測している」といった表現をよく見ます。

また、projected growth「推定される増加」や projected sales figures「売上予測値」のような組み合わせでも使用します。

なお、名詞の project と動詞の project(ed) は発音が異なりますので、注意しましょう。

The total sales were less than we had projected.
合計売上は我々が予測したよりも少なかったです。

This year's deficit is projected at a hundred billion yen.
今年の赤字は1000億円だと想定されています。

Average household spending is projected to rise by 2 percent next year.
来年の平均家計支出は２%上昇すると推定されています。

Experts project that the unemployment rate will fall by the end of the year.
専門家は年末までに失業率は下がると予想しています。

A growth rate of 10 percent is projected for the next fiscal year.
次の会計年度は10%の成長率が予測されています。

projectedは形容詞としても使われます。

The projected sales for this year are 10 percent higher than last year.
今年の予想売上は昨年より10%高くなっています。

The stocks fell because the company did not meet the projected earnings.
予想売上には至らなかったため、会社の株は下がりました。

追加情報

「計画する、予定する」という意味でも使います。

Hiring new graduates is projected to resume next year.
新卒採用は来年再開されることが予定されています。

decline

動詞 ●（丁重・丁寧に）断る
●辞退する

▶ 格上げ前の単語・表現

動詞

reject「拒否する」
refuse「断る」
pass (on something)「（何かを）受け流す」
turn down「断る」
say no to (something)
「（何かに対して）ノーと言う」

▶ ニュアンスと使い方

お誘いや申し出、提案などを「断る」、また、何かに「同意しない、応じない」ことを意味し、「丁寧に、丁重に」のニュアンスがあります。refuse はより直接的で「拒否する」ようなイメージで、reject はややネガティブな印象になりますが、decline はより丁寧で穏やかなイメージです。似た意味でも選ぶ単語によって印象が変わる良い例です。

仕事のオファーや内定を辞退するときも decline an offer / decline a job offer と言います。

以下の日本語訳は「断った」や「拒否した」となっていますが、「丁寧に」というニュアンスが含まれている点に留意してください。

She was offered a managerial position, but decided to decline.
彼女はマネージャー職の内定をもらいましたが、断ることにしました。

His schedule was booked and he had to decline my invitation to lunch.
彼の予定はいっぱいだったので、私のランチのお誘いを辞退しなければなりませんでした。

She declined to give her personal details on the phone.
彼女は自分の個人情報を電話で伝えることを断りました。

The investigators declined to comment further on the case.
捜査員はこの件について詳細を述べることを拒否しました。

His application for volunteering was declined by the committee because he was not eligible.
ボランティアの条件に満たなかったため、彼の応募は委員会に断られました。

追加情報

decline は「減少、下落」も意味し、発音も同じです。

There was a sharp decline in sales last quarter.
前四半期の売上は急激な減少を見せました。

outcome

名詞
- 結果、結末
- 物事の最終的な結果
- 成り行き
- （会議などの）最終的な結果

▶ 格上げ前の単語・表現

名詞
result「結果」
what happened「起こったこと」
conclusion「結果」
the way something turns out「何かの結果」
effect「影響」
development「発展した状態」

▶ ニュアンスと使い方

行動、状況、プロセスなどによる影響や結果を示す単語です。result よりも少々堅く、主に書き言葉で使われ、ビジネスでは資料やスライドでよく見ます。結果的にどうなるかがわからないとき、特に使います。会議、交渉、ディスカッションなどの結果について述べるときに聞くことがあるでしょう。ビジネス以外の場面では result を使うほうが多いです。

次のようなコロケーションは頻出します。

the final outcome　最終的な結果
the desired outcome 望まれた結果
a possible outcome　あり得る結果
a positive outcome　好ましい結果
a favorable/unfavorable outcome　好意的な・好意的でない結果

We have high hopes that this strategy will lead to the desired outcome.
この戦略が目標とする結果を招くことに大きな期待を持っています。

We hope that the negotiations have a positive outcome for both firms.
交渉が双方の企業にとって良い結果をもたらしたことを願っています。

We may need to adjust our plan depending on the outcome of the negotiations.
交渉の結果によって計画を調整しなければいけないかもしれません。

Everyone was keen to know the outcome of the trial.
みんなが裁判の結果を知りたがりました。

No one was able to predict the outcome of the experiment.
誰も実験結果を予測することができませんでした。

Various stakeholders made efforts to influence the outcome of the election.
様々なステークホルダーが選挙の結果に影響を及ぼそうと努力しました。

追加情報

医学では「患者の治療成績」のことを the outcome of a patient（patient outcome）、treatment outcome、health outcome と言います。特に outcome of a patient は直訳すると「患者の結果」で違和感がありますが、特定の領域では特定の言葉の組み合わせを使う例のひとつです。新型コロナウイルス関連のニュースでも使われていた表現です。

critical

形容詞
- 重大な、決定的に重要(な意味を持つ)
- 危機的に決定的な、(局面を左右するほど) 重大なこと
- 危険な

▶ 格上げ前の単語・表現

形容詞

important「大事な」
extremely important「非常に大事な」
serious「深刻な」
dangerous「危険な」
causing concern「心配させる」
key「キー」

▶ ニュアンスと使い方

「重要」を意味する単語は多々ありますが、critical を使うとその重みが増します。特にその先の状況が影響される (左右される) 重大さを含みます。そのため、important や serious と表現するよりも、critical を使うとより深刻さや危機感、重大さが伝わり、注目や注意も引きます。

次のように名詞と組み合わせることもあります。

critical moment　決定的な瞬間
critical issue　重大問題
critical stage　決定的な段階
play a critical role (in X)　(X において) 重大な役割を果たす

These talks are critical to the future of the firms' relationship.
これらの会談は企業間の今後の関係性にとって重大です。

It's critical that we keep a record of all costs related to this project.
このプロジェクトに関連するコストをすべて記録することは大変重要です。

The management team's support is critical to our team's initiatives.
我々のチームの活動に経営陣のサポートは必要不可欠です。

The employee was fired for leaving critical documents behind at a café.
重要資料をカフェに置いてきてしまった社員は解雇されました。

Protecting jobs and supporting businesses are absolutely critical to economic recovery.
経済回復のためには雇用を守り、事業を支援することが極めて重要です。

状況や時期が危険で、今後さらに悪化する可能性があるために心配であることも表します。

The situation remains critical and may impact the entire industry.
この状況はまだ大変危険で、業界全体に影響を及ぼす可能性があります。

追加情報

「格上げ」要素は高くはないですが、「批判的な」の意味でも使います。

He always has a critical view of the government.
彼はいつも政府を批判的な目で見ています。

Economists are critical of the government's economic recovery policies.
経済の専門家は政府の経済回復方針に批判的です。

evaluate

動詞
- 評価する
- 審査、判断する
- 価値を検討する、見極める

▶ 格上げ前の単語・表現

動詞

judge「判断する」
assess「評価する」
rate「特定の等級に入れる」

▶ ニュアンスと使い方

物事や人について検討し、どれだけ価値があるか、役に立つかなどの「評価や判断をする」ことを意味します。能力、結果、成功、重要性、品質などを評価するときに使います。特に「慎重に」「よく」検討するニュアンスです。

judge の格上げ単語と言えますが、judge は意見や感情を含んだ主観的な意味合いがある一方で、evaluate はニュートラルで客観的な評価です。そのため、ビジネスシーンでは evaluate がより活躍します。

また、evaluate はただ単に「評価する」のではなく、「高く」または「低く」評価することを明確にしなければいけません。

The research is designed to evaluate the effectiveness of the new drug.
この調査は新薬の効果を評価するために計画されています。

We will have a debriefing meeting to evaluate the success of the new campaign.
新しいキャンペーンの成功を評価するため、ディブリーフィングミーティング（結果、報告、まとめなど、何か終えたことについて話し合うミーティング）を開催します。

Data collection is crucial for evaluating the effectiveness of these measures.
これらの施策の効果を評価するためにデータ収集は非常に重要です。

Some companies carry out “360-degree reviews” to evaluate employee performance.
従業員のパフォーマンスを評価するため、「360 度レビュー」を実施する企業があります。

Evidence should be carefully evaluated before reaching a final conclusion.
最終判断にたどり着くまでに証拠を慎重に検討する必要があります。

追加情報

名詞は evaluation で、次のように言い換えることもできます。

Some companies carry out “360-degree reviews” to evaluate employee performance.
→ Some companies carry out “360-degree reviews” for employees’ performance evaluation.
従業員のパフォーマンス評価を行うため、「360 度レビュー」を実施する企業があります。

figure

名詞
- 数、位、数値
- 合計数
- 総額

▶ 格上げ前の単語・表現

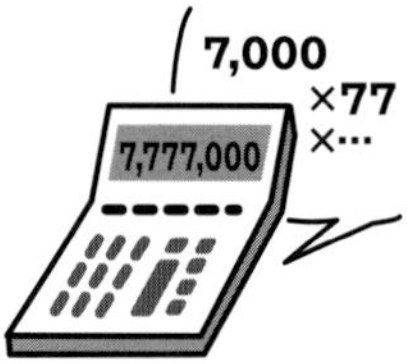

名詞

number「数」
sum「合計」
amount「額」
quantity「数量」
amount of money「総額」
digit「桁」

▶ ニュアンスと使い方

数量、数値など、「特定の数字」や「数字で表された量」「計算の合計」について使用されます。number だと単に「数字」を意味しますが、figure は統計など特定の数字を指します。

統計では「数字」「数値」「桁」を意味し、特に正式な統計や情報、会社の業績に関連するものについて用います。さらに、特定の価格、値段、総額についても使われます。

数や数字だけでも様々な表現方法がありますが、以下に挙げる例文や記事・書籍・ニュースなどを通してニュアンスをつかむ練習をしてみてください。ビジネスでは、次のような組み合わせをよく目にします。

sales figures　売上の数値
official figures　正式な数値・数・統計

She earns a six-figure salary.
彼女は6桁の収入を得ている。（100,000ドル・円かそれ以上）

＊数を示すとき、in the six figures「6桁の数」とも言います。double figuresは2桁（10-99の間）を指し、double digitsとも言います。

The firm hasn't announced the latest figures yet.
会社はまだ最新の数字を発表していません。

I can't recall the exact figure, but I believe it was approximately 60 percent.
正確な数値は思い出せないのですが、60%くらいだったと思います。

Government figures show that household spending dropped 11 percent in April, compared to a year earlier.
政府が発表した数字によると、4月の家庭の支出額は前年比で11%落ちました。

ビジネスではballpark figureというカジュアルな表現も使います。野球に由来し、「おおよその金額・数字、概算」の意味です。ballparkは「野球場、だいたいの範囲」を意味します。

Could you give me a ballpark figure?
だいたいの金額を教えてくれませんか？

追加情報

figureは「人、人物」の意味もあり、有名な人や重要な人物について言います。personやfamous person、someone who is importantなどの格上げ単語と言えます。

leading figure in (the tech industry)
　　(IT業界の)重要人物(パイオニアや影響力のある人など)
central figure　主要人物
key figure　カギとなる重要人物

framework

名詞
- 枠組み、原則、基盤
- 体制、構成、構造
- 構想

▶ 格上げ前の単語・表現

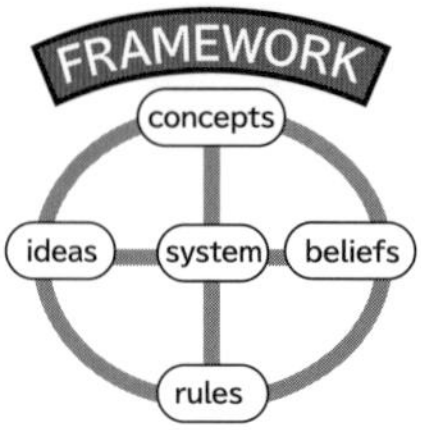

名詞

ideas「考え」
beliefs「信念」
structure「構造」
system「構成」
organization「組織」
outline「枠組み」

▶ ニュアンスと使い方

思想や理論、組織などの「枠組み」「原則」「基盤」の意味で、問題の対応・解決や、決断や判断をする際にもとにするルール（規則、法則、原則）、beliefs「信じられていること」、ideas「観念、概念」が背景にあることを指します。その意味では、問題解決や判断などをする際の「決められた枠組み」です。システム、コンセプトなどの基本的体制や構成の意味もあります。

This report provides a framework for further research on this trend.
このレポートは、このトレンドについて今後調査を行う際のフレームワークとなります。

His idea is the de facto framework on which many new businesses have been created.
彼のアイディアは多くの新しいビジネスが作られる枠組みです。

We are required to operate within the existing legal framework.
既存の法的枠組みの範囲内で活動する必要があります。

The government aims to establish a framework for all employers and industry leaders to operate in.
政府は、雇用主と業界のリーダーが活動するための枠組みを設定しようとしています。

We should draft guidelines within the framework of our company's core values.
会社の経営理念の範囲内でガイドラインを作成するべきです。

追加情報

outline と framework の違いは次のとおりです。

outline は "1D"
どちらかというと抽象的で、「基本的なポイント」「メモ程度のもの」のイメージ。

framework は "2D"、"3D"
骨組み、工事の足場のイメージです。中身はなく、外側しかありません。

impact

名詞 ●影響、影響力
●打撃、衝撃
動詞 ●影響を与える

▶ 格上げ前の単語・表現

名詞
effect「影響」
influence「影響」

動詞
affect, have an effect (on)
「(…に) 影響を与える」
influence, have an influence (on)
「(…に) 影響を与える」
change「変える」

▶ ニュアンスと使い方

大きな力の「衝撃」を意味し、effect や influence よりも影響の大きさを表現します。特に状況や人に対する影響を指し、変化を起こしたり気持ちを動かしたりするほどのものです。さらに、場合によってその影響を及ぼすものが「新しい」や「急な」であることも特徴のひとつです。

注意すべき点として、cause an impact とは言いません。正しくは、have/has/had an impact や make an impact です。

よく使うコロケーションは次のとおりです。

long-term/short-term/immediate impact　長期／短期／即時の影響
significant impact　多大な影響
positive/negative impact　良い／悪い影響
minimal impact　最小限の影響
environmental/economic impact　環境／経済への影響
potential impact　潜在的影響、影響のある可能性

Her speech made a profound impact on the audience.
彼女のスピーチは聴衆に深い影響を与えました。

The stay-at-home economy's effect will have a lasting impact on consumer behavior.
在宅経済の影響は消費者動向に持続的な影響を及ぼすでしょう。

Social media is making an enormous impact on sales in recent years.
近年、ソーシャルメディアは売り上げに非常に大きな影響を与えています。

The restaurant business was heavily impacted by the pandemic.
飲食業界はパンデミックによって激しい影響を受けました。

The negative press coverage significantly impacted the company's reputation and the value of its stock.
批判的な報道は会社の評判と株価に大きな衝撃を与えました。

Coffee Break 5

気持ちが伝わるメールの締めくくり方
Ending an Email with a Personal Touch

本書を執筆している最中、世界中で新型コロナウイルスの感染拡大が続き、不安な状況が続いています。そんな中で、海外にいる友人や親戚と連絡を取る機会が増え、お互いの無事を確認し合ったり励まし合ったりしています。

そして、やりとりの最後には、"Please stay safe and healthy."「安全で健康でいてくださいね」などという言葉が添えられます。このような状況だからこそ見るようになったひとことですね。相手を思いやる言葉や、言葉のあたたかさ、言葉の力を感じます。

そこで、メールの最後に添える、気持ちが伝わり相手を思いやる言葉をご紹介したいと思います。

◆あなたのことを思っています
（相手のことを思っていること・思いやりを伝える）

I'm thinking of you.
あなたのことを思っています。
＊ロマンチックな意味ではなく、友人や家族、親しい人にも言いいます。

Please know that I'm thinking of you.
あなたのことを思っているということを知っていてくださいね。

I'm thinking of you during this difficult time.
辛いときですが、あなたのことを思っています。
＊世の中が不安に包まれている時期や、相手に不幸があったり、困難な時を過ごしている際にかける言葉です。

◆お元気で、ご多幸をお祈りしています

I send you my very best.
ご多幸をお祈りします。
＊"I send you my best" の best は訳しにくいのですが、「最良の」「ベストの」の意味ではなく、"best wishes" を短くしたもので、幸せや成功などを祈るときの挨拶の言葉です。

All the best to you and your family.
Best wishes to you and your family.
あなたとご家族にご多幸がありますように。

I wish you the very best.
I wish you all the best.
良いことがありますよう（幸せが訪れますことを）、心から願っております。

Take care and best wishes.
お元気で。ご多幸をお祈りします。

Please take care.
Take care.
お元気で。

◆会えることを楽しみにしています

I hope we can get together soon.
近々会えますように。

I'm looking forward to seeing you again.
また会えることを楽しみにしています。

I miss you!
Miss you!
会えなくてさみしいよ！
＊親しい人へのメッセージの最後に添えるひとこと。

◆よろしくお伝えください

直訳がないので、相手や関係性に合わせて「私の代わりに〜さんに挨拶をしてください」というように表現します。

Please give my best regards to Mr. McKenzie.
マッケンジーさんによろしくお伝えください。
＊フォーマルです。

Please give her my very best.
彼女によろしくお伝えください。

Please say hello to Emi for me.
エミによろしくお伝えください。

Please tell John I said hi.
ジョンによろしくね。
*カジュアルで、親しい人に言う場合。

Please keep in touch.
連絡を取り合いましょう。

Let's keep in touch.
連絡を取り合いましょう。

レベル
3

仕事をさらに
アップグレードする
25単語

commitment

名詞
- 義務に対する責任、行動や義務、何かをすることの約束
- 約束、公約、誓約
- やらなければいけないこと、何かをする・何かに向けて努力と時間を費やすことへの意志

▶ 格上げ前の単語・表現

名詞
responsibility「責任」
plans「約束」
promise「約束」

▶ ニュアンスと使い方

「約束」の意味で使う場合、promise や plan よりもよりプロフェッショナルな印象になります。

I'm afraid I'm not able to attend due to prior commitments.
あいにくその日は前から約束していたことがあるので参加できません。

I have many commitments right now and cannot take on more work.
現在はたくさんのものを抱えていて、これ以上の仕事は引き受けられません。

Thank you for your continued commitment to providing the best service to our clients.
お客様に対して最高のサービスを提供するための継続的な努力をありがとうございます。

日本語で「約束がある」と言うとき、実際には予定のことを示している場合があります。この場合は英語で「約束」の意味で覚える promise は使いません。例を見てみましょう。

I have a family commitment on Friday and am not able to join the drinks on that day.
金曜日は家族との約束があり、飲み会に参加できません。

学校で「約束」を promise と覚えたかと思いますが、この場合 promise を使って I have a promise with my family. と言うと違和感があります。予定のことを示しているというより、「何かをする約束」「破ってはいけない約束」といった、より深いニュアンスになってしまいます。

I have plans with my family. または I have family plans on Friday. と言うよりも family commitment のほうがプロフェッショナルでスマートに聞こえます。family plans の場合は「家族との映画」や「家族と約束した夕食」などとイメージしやすいですが、family commitment の場合はより堅く、フォーマルなニュアンスがあります。(実際には家族との映画から結婚式やお葬式、その他何でも可能性はあります。)

注意：「飲み会」は日本語でよく使いますが、英語では同じコンセプトが無く、訳して drinking party になりますが、実際には go out for drinks（飲みに行く）や cocktails（名詞として使うことがあります)、または食事として dinner（ディナー）になります。

「…にコミットする」というカタカナ英語のキャッチフレーズを耳にしたことがあるかもしれません。これは commit（動詞）から来る言葉ですが、英語でも似たニュアンスで、ビジネスでもよく使います。例えば、会社の企業理念や PR でこのようなフレーズを見ることがあります。

The firm is committed to fostering an inclusive work environment.
当社は従業員の多様性を尊重するインクルーシブ（包容力のある、受容的）な職場環境を作り、維持することに注力しています。

Our company is committed to a complete shift to renewable energy by 2022.
当社は 2022 年までに環境に良いグリーンエネルギーへの完全な移行を決心しています。

The firm promises to . . . や、Our company plans to/feels responsible to/will try hard to . . . などという表現よりも、committed to を使ったほうがより固い意志や約束というニュアンスが出ます。

promise の場合は、親が子供に “Promise to be a good boy/girl today”（今日はいい子にしているのを約束してね）と言うときにも使いますが、commit/commitment はプロフェッショナル度がぐっと上がります。

個人的な場面でも使えます。例えば、I made a commitment to . . . と言えば、「…する強い意志がある、…する確約をした」というニュアンスになり、「約束」よりプロフェッショナルで重みのある表現になります。

I am committed to my goal of reading a book every week.
一週間に一冊本を読むことを自分自身との約束とし、強い意志と努力をする気持ちがあります。

追加情報

注意すべき点として、responsible/responsibilityの単語の完全な代わりにはなりません。同じ使い方をしたり、言葉を入れ替えたりするのには注意が必要です。例えば以下の文章の responsible を committed に変えると意味が変わってしまいます。

I am responsible for updating the spreadsheet every week.
毎週、スプレッドシートをアップデートすることは私の担当のひとつです。
＊意味合いが違ってしまうので代わりにはならず、このような状況では適切ではありません。

I made a commitment to update the spreadsheet every week.
毎週、スプレッドシートをアップデートすることを決心しました。
＊「重要な責任」という大げさで必要以上にかしこまったニュアンスになってしまうので、適切ではありません。

clarify

動詞
- （意味や意図、状況を）明らかにする、わかりやすくする
- …を明確にする、はっきりさせる
- …を解明する（特にもっと詳細を加えて）

▶ 格上げ前の単語・表現

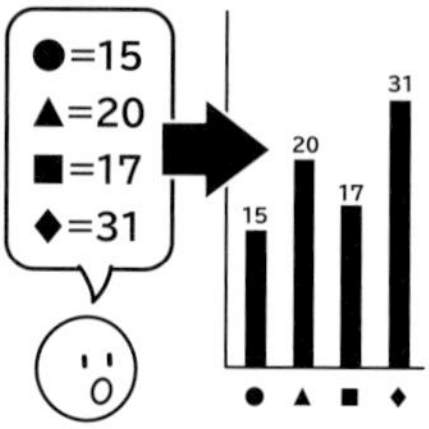

動詞

make clear「はっきりさせる」
explain more clearly
「よりわかりやすく説明する」
make something easier to understand
「何かをもっと理解しやすくする」

▶ ニュアンスと使い方

make clear/clearer や explain more clearly などの表現を使うところを、clarify ひとつの単語で伝えることができます。言及したことの意味や意図、立場、考え方、状況などに対して使える単語です。基本的に、コンパクトで簡潔に、より明確に伝えられる文のほうがビジネスに適していてプロフェッショナルに聞こえます。

自分から言ったことや、説明、意図が相手に伝わったことを確認するとき、誤解を防ぎたいときなど、次のようなフレーズが便利です。

I'd just like to clarify something.
ちょっとはっきりさせておきたいことがあります。
I'd like to clarify what this data illustrates.
このデータが示していることを明確にしたいと思います。

Please let me clarify what I just said.
今お伝えしたことを明確にさせてください。

相手に何かをはっきりさせたいときにWhat do you mean?と聞くと、「どういうことですか？」と、少し問い詰めているようなニュアンスになり、I don't understand.と言うと、「理解できません。何を言っているかわかりません」と、相手を責めているようにも聞こえてしまう可能性があります。次のように聞けば、ネガティブなニュアンスを避け、ニュートラルで丁寧な聞き方になります。

△**Can you make that clearer?**
もっと明確に言ってもらえますか？
＊ 相手の説明が不足しているようなニュアンスも感じられます。

◎**Would you please clarify that?**
その点をもっと明確におっしゃっていただけますか？

相手に説明してもらった後は、以下のように言うことができます。

Thank you for clarifying that.
明確にしていただきありがとうございます。

Your explanation helped me to clarify my understanding. Thank you.
ご説明いただいたおかげで私の理解がより明解になりました。ありがとうございます。

追加情報

名詞のclarification「明確化」も格上げ単語としてよく使います。

Thank you for your clarification.
明確にしていただきありがとうございます。
We're seeking clarification regarding the delivery date of our order.
注文の配達日についての詳細を求めているところです。
Further clarification is necessary.
さらに解明することが必要です。

accommodate

動詞 ● 便宜を図る、サービスをよくする、(人の) 願いを聞き入れる、希望している・必要なものを与える、要求などを受け入れる
● …に対応する、順応する、慣れる

▶ 格上げ前の単語・表現

動詞

meet the needs of . . .「…の必要に応える、要求や望みに応じる」
adapt to「順応する」
adjust to「慣れる」
get used to「慣れる」
get accustomed to「慣れる」

▶ ニュアンスと使い方

「ホテル」や「宿泊場所」で使う名詞の accommodation はよく目にしますが、実は動詞としてビジネスでも使います。宿泊施設や建物・乗り物としての収容能力以外に、(クライアントの) 依頼や要求を「受け入れる、対応する」、そして「環境や状況に慣れる」、という意味があります。

ビジネスでは特に相手 (クライアントなど) の依頼や要求を受け入れたり、合わせたり、対応したりするときに役立つ単語です。meet the needs of (someone)「(相手の) 必要に応える」という言い方もできますが、accommodate はよりシャープに聞こえます。相手に対して、そして依頼や要求に対して「accommodate する」というイメージです。

We will do our best to accommodate your requests.
ご依頼を実現できるように努力いたします。

The instructor adjusted the seminar to accommodate the employees' schedule.
講師は従業員の予定に合わせるようにセミナーの日程を調整しました。

また、「誰かが順応する・慣れる」を accommodate oneself/herself/himself と表現できます。

Rika seemed to accommodate herself well to the new environment.
梨花は新しい環境にうまく順応しているようです。

After the merger, employees from the foreign firm found it difficult to accommodate themselves to the existing working conditions of the domestic firm.
合併後、海外の企業の従業員は国内企業が保っている労働環境に慣れることができず苦労しました。

追加情報

ホテルや宿泊施設が人を宿泊させる（収容能力を持つ）、そして施設や乗り物が人や物を収容する、という「スペース」に関連する意味でも accommodate は「格上げ」単語です。

This hotel can accommodate up to a thousand guests.
このホテルは1,000名の宿泊客を収容できます。

The company moved to a new building to accommodate the increased number of employees.
会社は増加した従業員を収容するためにオフィスビルを移転しました。
　＊「順応する」の意味合いも含む。

consistency

名詞 ● 一貫性、一致していること、矛盾のないこと
● （方針、形式、主義などが）終始一貫していること

▶ 格上げ前の単語・表現

名詞

being the same「同じであること」
sameness「同一であること」
evenness「均一性、均等」

▶ ニュアンスと使い方

パフォーマンス、品質、行動などについて一貫性を保つときや、統一するべきときに使います。格上げ前の単語に記載した単語は少ないですが、consistency は使用頻度の高い単語です。類義語の uniformity や stability などもビジネスで使用します。

異なる地域のオフィスで同じプロジェクトに取り組むときや、統一したテーマやルールに則って進めるべきときなどに頻出します。

Her story lacks consistency.
彼女の話には一貫性が欠けています。

We need to maintain consistency in the quality of output.
アウトプットの質を均等に保つ必要があります。

We will perform checks to ensure consistency across all the submissions.
一貫性を保証するための確認作業をすべての提出物に対して行います。

There's consistency in what she tells everyone, so I think she's dependable.
彼女が皆に言うことは一貫性があるので、信頼できると思います。

追加情報

形容詞consistentの形で使うこともあります。

I need to stay consistent with my goals.
自分の目標に向けて（行動などの）一貫性を保たなければ。

We need to have a consistent theme across all our proposals.
全ての提案には統一したテーマが必要です。

consistencyは「物質の硬さ、硬度」「液体の濃度や密度」の意味も持ちます。

This sauce has a creamy consistency.
このソースはクリーミーな濃さがあります。

また、consistencyの綴りにはconsistが入っていますが、「…からなる、成り立つ、構成される」とは意味が異なるので注意が必要です。

delegate (to) / delegation

動詞
- (仕事などを) 任せる
- (責任や権限を) 委ねる(特に部下などに)

名詞
- 仕事、責任、権限などを任せること

▶ 格上げ前の単語・表現

delegate (to)：動詞

give work or responsibilities
「仕事や責任を与える」
pass on「委ねる」
hand over「委ねる」

delegation：名詞

assignment「与える・振り分ける仕事」

▶ ニュアンスと使い方

「職務を委ねる」や「代表・代理として派遣する」という改まったニュアンスでも使いますが、次の例文のように「任せる」という意味でもっと一般的に用いることもあります。

I was delegated to set up several meetings.
私はいくつかのミーティングを設定することを任されました。

He delegated some administrative tasks to his assistant.
彼は事務的なタスクをいくつかアシスタントに任せました。

The manager delegated some of his responsibilities to his direct reports.
そのマネージャーは直属の部下に責任のある仕事をいくつか委ねました。

Good managers need to learn effective delegation.
良いマネージャーは効果的に仕事を部下に任せるスキルを身につける必要があります。

チームで仕事をしていると、junior members「若手」は、自分から仕事を取ってくるというよりは上司から delegate されて仕事を任されることが普通かもしれません。そして、上司は効果的に仕事が進められるように、また、部下の学びと成長も考慮して仕事や責任を与えます。しかし、場合によって delegation という言葉はネガティブなニュアンスとして捉えられることもあり得ます。例えば、長年チームで働いてきて責任のある仕事を任されることを希望しているメンバーが、上司から事務的なルーチンワークばかりを任されていたら、"Delegating is just a fancy word for giving tasks to others."「delegating はタスクを他人に渡すだけのカッコつけた言葉だ」と思ってしまうかもしれません。

追加情報

delegate は名詞として「代理人、代行者」「会議などに派遣する代表」「代議員」の意味でも使います。政治的な意味合いで使うこともあります。

Delegates from 60 countries attended the UN conference.
60ヵ国の代表が国際連合の会議に参加しました。

また、delegation も「代理人」「代表、代表団」「代表派遣」の意味で名詞として使うので、耳にすることがあるかもしれません。

The company sent a delegation to the conference.
会社はカンファレンスに代表団を送りました。

initiative

名詞
- 自発性、独創力、率先、先導力
- 他より先に行動する・責任を取ること
- 目的や問題解決のために重要な新しい計画、斬新なアプローチ
- 自ら責任ある決定（決断）

▶ 格上げ前の単語・表現

名詞
motivation「動機」
leadership「リーダーシップ」
action「行動」
(taking the) first step, (making the) first move「最初の一歩」

▶ ニュアンスと使い方

日本語でも「イニシアチブ」という言葉を聞くようになりました。カタカナ語でもほぼ同じ使われ方をするように思いますが、英語ではどのような場面で使うのかを確認しておきましょう。

ビジネスでは基本的に２つの意味で使われる言葉です。そのひとつが「決断」とそれに伴う行動や努力、もうひとつが「計画やプラン」です。前者は「言われたからではなく、自ら率先して」のニュアンスが含まれます。take the initiative「率先してやる、自ら乗り出す・立ち上がる」、show initiative「イニシアチブを見せる、発揮する、自発的行動を見せる」、act on one's own initiative「自発的に行動する、自らの責任で行動する」、use your initiative「人に頼らず自分で進んでやる」などという表現を使います。後者はgovernment initiativeやeducation initiativeなど形容詞が入ることもあります。

John took the initiative in carrying out the plan.
ジョンは率先して計画を実行した。

Jill helped her teammate on her own initiative.
ジルは（誰にも言われなくても）自分から進んでチームメイトに協力した。

He was impressed that Tomoki acted on his own initiative to solve the problem.
彼は智樹が自分の責任で問題解決に向けて行動したことに感心した。

When hiring new employees, we look for people who take initiative at the workplace.
新しい社員を採用する際、職場で率先して行動するような人を探しています。

Politicians are pressured to agree on a government initiative to resolve population challenges.
政治家は人口問題を解決するための政府の計画について同意することを求められています。

追加情報

initiativeに似た動詞のinitiateもよくビジネスで使い、こちらはstart「始める、起こす、創始する」の格上げ単語です。ビジネスを始める、ディスカッションを始める、交渉を切り出すなど、ビジネスでは何かを始めることや進めることが伴うため、この単語を様々な場面でよく耳にします。

They initiated a new program to provide support for working mothers.
ワーキングマザーを支援するためのプログラムを始めました。

elaborate

動詞
- (理論、計画、文章、趣旨などについて) 詳細を述べる
- 述べたことについてより詳細に説明する、細かい点を追加する、話を補足する

▶格上げ前の単語・表現

動詞

explain further「もっと説明する」
explain in more detail「より詳しく説明する」
add detail to . . .「…に説明を加える」
give more information (about something that has already been said)「(すでに言われたことについて) 情報を付け加える」

▶ニュアンスと使い方

ビジネスでよく聞くのは「述べたことについて詳細を説明する」意味での使い方で、elaborate + on/upon (something) という形を取ります。

Could you please elaborate on that point?
その点について詳しく説明していただけますか？

The investigators declined to elaborate on the details of the situation.
捜査員たちは状況に関する詳細を述べようとしませんでした。

He said he had an update, but refused to elaborate any further.
アップデート（新情報）があると彼は言いましたが、それ以上の詳細を述べることは断りました。

Katy did not elaborate on her reasons for resigning.
ケイティーは仕事を辞める理由についての詳細は説明しませんでした。

追加情報

elaborate を形容詞として使うこともあります。この場合、スペリングが同じでも発音が少し異なります。detailed「詳細な」、complicated「複雑な」、または decorated「装飾された」、fancy「おしゃれな」の類義語で、ビジネスの場面では以下のような使い方が挙げられます。

elaborate structures	手の込んだ構造物
elaborate design	凝った、手の込んだデザイン
elaborate planning	入念な計画

This project involves elaborate planning to make it work.
このプロジェクトが機能するためには入念な計画が必要です。

An elaborate stadium design led to significant costs and delay.
手の込んだ設計のスタジアムは、大幅な費用の増加と遅延を招きました。

feasible

形容詞
- 実行できる、実現できる、実行可能の
- 可能な、可能性のある
- うまくいきそうな

▶ 格上げ前の単語・表現

形容詞

possible「可能な」
realistic「現実的な」
likely「可能性のある」
workable「実行可能な、実現できる」
doable「することができる」

▶ ニュアンスと使い方

possibleよりもフォーマルな単語で、計画やアイディア、方法などが「実行可能、実現可能である」と思われる際に使います。「達成可能、実現可能」の意味を含むため、前向きなニュアンスがあります。possibleは「条件が合えば可能性がある」ときに使用しますが、feasibleは「実現する可能性がある」ときに用います。

That sounds like a feasible plan.
その計画は実行可能だと思われます。
＊実現するのが現実的、うまくいきそうというニュアンス。

Would that be feasible?
それは可能でしょうか？

Would that plan be economically feasible?
その計画は経済的に実現可能でしょうか？

They concluded that it would not be feasible to complete this by the deadline.
指定の締め切りまでに終わらせることは可能ではないという結論を彼らは出しました。

追加情報

名詞の feasibility「実行できること、実現の可能性」を用いることもあります。

Let's look at the feasibility of expanding the service to Japan.
日本へサービスを拡張することの実現の可能性を見てみましょう。

The results demonstrate the feasibility of transitioning to the new platform.
その結果は、新しいプラットフォームへ移行できることの可能性を示しました。

leverage

動詞
- 何かを最大限に活用する
- スキルやお金などのリソースを広く使う（様々な方法で使い、活用する）

▶ 格上げ前の単語・表現

動詞

use「使う」

use more effectively「より効果的に使う」

make the best out of . . .「…を最大限に活用する」

take advantage of . . .「…を有利に使う」

▶ ニュアンスと使い方

本来は「てこ入れする」という意味で、名詞では「てこの作用」を意味します。このイメージで、「すでにあるもの（スキルやリソース）を活用して最大の効果を上げる、新しいことやより良いことを達成する」という意味で、ビジネスでも活躍する単語です。追加でリソースを得る、何かを消費することなく活用できるニュアンスです。「良い結果を求めて利用する」意味で使われることもあります。

By leveraging our networks, we can reach a wider audience.

ネットワークを最大限に活用すれば、より広い顧客層にリーチすることができます。

Let's try to leverage what we have instead of creating a whole new slide deck.
ゼロから新しいスライドを作る代わりに、すでにあるものを活用しましょう。

The firm tried its best to leverage its resources when they had to tighten their budget.
予算が厳しかった時期、会社はすでにあるリソースを最大限に活用しようとしました。

I am confident that Ryan can leverage his technical skills to facilitate this project.
ライアンは自分の持っている技術的なスキルを生かしてこのプロジェクトを促進できると信じています。

She leveraged her networks to gain outside support for the charity event.
彼女はネットワークを活用し、社外からチャリティーイベントへのサポートを得た。

We can leverage our strong relationship with ABC Consulting to gain new clients.
ABCコンサルティングとの強い関係性を生かして新規クライアントを獲得することができます。

追加情報

格上げ単語ではありますが、ビジネスの「バズワード」として嫌われてしまうこともあるようです。「あまりカッコつけずに、useと言えばいいのに」と思う人もいます。ただ、leverageにある「最大限に活用する」という、useには含まれないニュアンスもあるので、適切な場合に使えばよいでしょう。

余談ですが、Let's leverage our resources for maximum impact, and try to create synergy among our teams.のように、ひとつの文にたくさん格上げ単語を詰め込もうとするとくどくなり、せっかくの格上げ単語のインパクトも薄まるので、バランスをとって効果的に使うことをお勧めします。例文は、「インパクトを最大限にするためにリソースをレバレッジし、チーム同士でシナジーを作るようにしましょう」のような意味です。

execute

動詞
- 計画や命令を実行する、遂行する
- 約束や責任を果たす
- 行う、実施・実行する

▶ 格上げ前の単語・表現

動詞
do「行う」
carry out「実行する」
put into effect「実行に移す」

▶ ニュアンスと使い方

計画や命令を実行するときに使い、特に計画的であり、計画していたことについて言います。do よりもフォーマルです。

We obtained approval, so we can now execute the plan.
承認を得たので、これで計画を遂行することができます。

The marketing strategy was successfully executed.
マーケティング戦略はうまく実行されました。

The advisors executed a series of financial deals.
アドバイザーたちは金融取引を数件立て続けに実行しました。

That was an excellent case of a team communicating effectively and executing plans strategically.
あの件は、チーム内の効果的なコミュニケーションと戦略的に計画を実行した素晴らしい例です。

プロフェッショナルなニュアンスのある格上げ単語ではありますが、気をつけるべきポイントがあります。無理にdoなどと置き換えようとしてexecuteを使うと、ニュアンスがずれたり、適切でなかったりすることがあります。また、あまり無理に使おうとすると「格上げ」すぎて不自然に聞こえてしまうことがあります。

例えば、マネージャーにある作業について聞かれたときに、I will execute that tomorrow.「それは明日遂行します」と言うと不自然に聞こえます。もっとシンプルな単語の方が自然に聞こえます。次の例を参考にしてください。

△ execute my promise → ○ carry out my promise　約束を果たす
△ execute a favor → ○ do a favor　頼みごとを聞く
△ execute the task → ○ do/complete the task　作業を行う・完成する
△ I executed the task already. → ○ I did/completed that task already.　その作業はすでに終わらせました。

また、名詞のexecution「(特に計画したことの）遂行、履行」も格上げ単語です。筆者が以前にいた職場で尊敬していた上司は「planning（計画）とexecutionを同時にしてはいけない」とおっしゃり、この言葉はずっと心に残っています。この場合はexecutionがぴったりと当てはまり、適切な言葉のチョイスですね。

追加情報

executeは「死刑を執行する、処刑する」の意味もあります。なので、We will execute.のように目的語などを言わないでいると、ビジネスでは「死刑」を連想する人はいないかもしれませんが……そういう意味もあることを頭に入れておくと良いでしょう。

ちなみに、executiveはexecuteに由来します。executive=executeする人、ということです。

confidential

形容詞
- 秘密の、機密の、内密の
- （情報、書類など）秘密扱いの

▶格上げ前の単語・表現

形容詞

secret「秘密の」
top secret「機密の」
should be kept secret「秘密にしておくべき」
private「内密の」
personal「個人的な」

▶ニュアンスと使い方

ビジネスでは極秘資料や社外秘のものなどを扱うため、confidentialは頻出の単語です。「秘密にするべきこと」「複数人の中で秘密であるべきこと」「公にしてはいけないこと」に対して使います。

これと似た単語のsecretは形容詞で「秘密の」、名詞で「秘密」の意味です。ビジネスシーンで登場することもありますが、どちらかというと日常的なことで耳にする印象があります。次の例を見てみましょう。

The details of the conversation remain secret.
会話の詳細は秘密のままです。
My friend and I share many secrets.
友人と私は多くの秘密を共有しています。

一方で、confidentialは秘密であるべき情報（特にビジネスや政府関係のこと）などに対して用いる単語で、よりオフィシャルでかしこまったニュアンスがあります。形容詞にもなり、confidential information/documents/files「機密情報／書類／ファイル」の組み合わせは覚えておくとよいでしょう。

Please treat this as confidential.
これは機密扱いにしてください。

These research findings are strictly confidential.
この調査結果は極秘です。

All applications will be kept strictly confidential.
応募書類は全て極秘扱いになります。

Employees' personal information must be treated as strictly confidential.
従業員の個人情報は極秘扱いされなければいけません。

Please make sure to put that document in the confidential bin, not the regular trash bin.
その書類は、普通のゴミ箱ではなく、機密書類回収ボックスに入れるように注意してください。

追加情報

情報については confidential 以外に、次のように表現されます。

・top secret 極秘
・sensitive（秘密にするべきことで、他人が知ったら問題であること）
sensitive information 機密情報、sensitive files 機密ファイル
・classified（政府が秘密にすべきと指定したこと）
classified information 国家機密情報、classified documents 機密文書
＊映画や海外ドラマで耳にするかもしれません。

また、「機密性」「秘密性」を意味する confidentiality も覚えると便利です。
New employees are required to sign a confidentiality agreement.
新入社員は秘密保持契約をサインする必要があります。
＊ nondisclosure agreement (NDA) とも呼ばれます。

That action was a breach of confidentiality.
その行為は信義違反です。

defer

動詞
- 延期する、先送りする、後回しにする
- （敬意を表して）他の人の意見や希望に従う、決定を任せる、委ねる

▶ 格上げ前の単語・表現

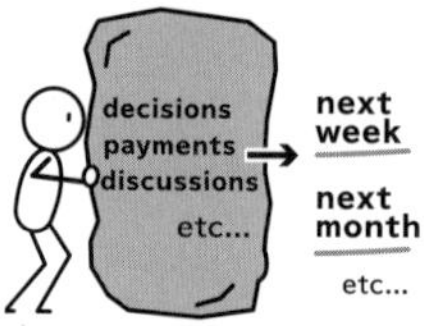

動詞

delay doing「やることを遅らせる」
put off「先延ばしにする」
have someone decide/choose something「誰かに何かを決めてもらう」

▶ ニュアンスと使い方

意味は２つあります。１つ目の「延ばす、延期する」の意味では、delay や put off などと同じように使いますが、put off や decide to do later よりも一言で伝わります。「あとで（やることに）する」の意味で、ビジネスに適したニュアンスで表現できる単語です。筆者の経験では、支払いや決定などについて使われる印象です。postpone も近い意味ですが、defer は「あとに延期する」という意味の一方で、postpone は先のある日程・時期に延期し、そのときに始める（再開する）という意味があります。日常の会話では使用頻度が低いですが、ビジネスではときおり耳にする単語です。

They deferred the decision until next week.
彼らは決定を来月まで延期しました。

The client will defer payment until this issue is solved.
この問題が解決するまで、クライアントは支払いを延期します。

The management team's decision has been deferred until next month.
経営陣の決定は来月まで延期されました。

Further discussion on recruiting will be deferred until after the New Year's holiday.
採用についてのさらなる話し合いは年末年始の休暇明けまで延期します。

上の例は文脈から「延期するという意味かな？」とわかりますが、2つ目の意味「他の人の意見や希望に従う」「決定を任せる」は最初から理解するのはなかなか難しいかもしれません。こちらには、相手に敬意を示してそうするというニュアンスが含まれます。

Let's defer these questions to John. He has expertise on this.
この件についてはジョンが深く理解しているので、この質問は彼に委ねましょう。

You are more knowledgeable on this, so I'll defer the decision-making to you.
あなたの方がこの件について詳しいので、決定はお任せします。

implement

動詞
- （決定事項、同意・約束、計画、戦略を）実行する、実施する、履行する
- （計画や手続きに従って）実施させる、発効させる

▶格上げ前の単語・表現

動詞

put into effect / action「実行する」
carry out「実行する」
carry through「遂行する」

▶ニュアンスと使い方

実行するべきだと決めたことについて、実際にアクションを起こしたり変更をしたりすることを表します。implementはよくa plan「計画」、a decision「決定」、a strategy「戦略」などと組み合わせます。carry outやput into effectなどでも問題ありませんが、2〜3語よりもひとことで伝えられ、格が上がります。

We need to implement strategies to reduce costs.
経費を削減するための計画を実行しなければいけません。

The committee decided to implement the experts' recommendations.
委員会は専門家の提案を実行することを決めました。

The proposal sounds good on paper but too difficult to implement.
提案は紙の上では良く見えますが、実行するのは難しすぎます。

The company decided to implement stricter anti-bribery measures.
会社はより厳しい贈収賄防止策を履行することを決定しました。

We agreed that stronger policies need to be implemented to prevent money laundering.
マネーロンダリング防止のため、より厳しい方針を履行する必要があると私たちは同意しました。

追加情報

名詞の implementation も覚えると便利です。

It's important to test out ideas before implementing them.
→ It's important to test out ideas before implementation.
アイディア実行の前にテストを行うことが大事です。

escalate

動詞 ● 問題や状況を役職や責任が上の人に上げる、報告する、上司などを巻き込む

▶ 格上げ前の単語・表現

動詞

involve someone higher in rank/importance

「役職が上の人を巻き込む」

raise the issue to a superior (for resolution)

「（解決するために）問題を上長に上げる」

▶ ニュアンスと使い方

escalator「エスカレーター」から想像できるように、escalateは「上昇させる」の意味です。「段階的に拡大・上昇する」という意味もあり、また、「問題などが悪化する、激化する、深刻化する」と言うときにも使われます。The conflict escalated.「対立は激化した」やThe conflict escalated into a court case.「争いは深刻化して法廷闘争になった」のような文ではこの意味で使用されます。

ビジネスの文脈では少しニュアンスが変わりますが、日本の辞書にはほとんど載っていません。問題や対処すべき状況、自分では対処や解決できないことが起きたときに、「役職や責任が上の人にescalateする」つまり「上げる」ことを指します。役職が上の人が部下の問題を「引き上げる、段階的に上げる」というイメージです。上の人に報告し、指示を仰ぐ、またはその人（たち）が対応する、ということになります。

I suggest you escalate this issue to the department head.
この件を部長に報告する（問題なので対応するために上げる）とよいと思うよ。

＊自分では対処できない件や、対応する立場にない件を「上の人に上げて、対処してもらう」というニュアンス。

We might need to escalate this to senior management.
この件を役員に報告しないといけないかもしれません。

The IT Helpdesk covering APAC couldn't resolve the problem, so they escalated it to the global team.
APAC地域をカバーしているITヘルプデスクは問題を解決できなかったので、グローバルチームに報告して対処を任せました。

Make sure to have a good understanding of the issue and gather sufficient data before escalating it to your manager.
マネージャーに上げる前に、この件についてよく理解して、十分なデータを集めておいて。

Some employees are hesitant to escalate personal issues to their superiors for fear of backfires.
従業員の中には、人間関係の問題があったとき、相手からの反撃を恐れるため上司に報告するのをためらう人がいる。

追加情報

名詞のescalation「問題などを上の人に上げること、報告」は次のように使えます。

Effective and timely escalation could lead to faster resolution and prevent costly fixes to the problems.
効果的でタイムリーな報告はより早い問題解決につながり、損害を防げる可能性があります。

Escalation is a form of risk management, and if done diplomatically and professionally, it can lead to effective resolution.
エスカレーションはリスクマネジメントの一つで、丁寧でプロフェッショナルに行えば、効果的な解決につながります。

streamline

動詞 ●（業務・計画・組織・プロセスなどを）合理化する、能率化する、簡素化する

▶ 格上げ前の単語・表現

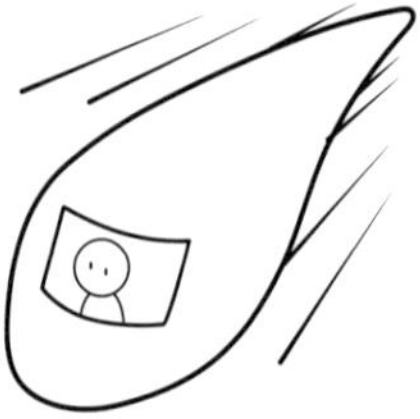

動詞

make more efficient「効率化する」
make well organized「よく整える」
make things better「より良くする」
simplify「簡略化する」

▶ ニュアンスと使い方

「流線形（型）にする」という意味で聞いたことがあるかもしれませんが、ビジネスでは業務を効率化する話で出てくる単語です。「何かを流線形（型）にして、空気や水に抵抗力をかけないようスムーズにする」というイメージをそのままビジネスの文脈に置き換えてみると、「速くてシンプルな方法やプロセスを用いて、組織やシステムをより能率化する」につながりますね。

The aim is to streamline the process across the region.
目標は、プロセスを地域で同じようにして合理化することです。

The department streamlined its processes by switching to an online platform.
その部署はオンラインプラットフォームに切り替えて手続きを簡略化させました。

We need to streamline the approval process for more efficiency.
効率化のため、承認プロセスを簡素化しなければいけません。

One of the initial steps in streamlining the workflow is to document each step that is involved.
ワークフローを合理化するために行う初期作業のひとつは、各ステップを記録することです。

Advances in technology have enabled businesses to streamline their operations and increase productivity.
テクノロジーの進化は、企業に事業を合理化させ、生産性を上げさせることを可能にしました。

形容詞のstreamlinedには次のようなコロケーションがあります。

streamlined procedures「簡素化されたプロセス」
streamlined organization「合理的組織」

追加情報

実は、この単語を聞いてヒヤッとすることがあります。なぜなら、ビジネスを「合理化する」の意味で使われる際、「コスト削減」の意味も含まれ、したがって、「人件費削減」「人員削減」、つまり「解雇」を意味する場合もあるからです。streamline the business「事業を合理化する」、streamline operations「生産過程を合理化する」などと言うときにこの意味が含まれることがあります。

The company laid off 5 percent of the workforce in an attempt to streamline its businesses.
会社は業務を合理化するため、社員の5%を解雇しました。

＊このような解雇のことをstreamlining operationと言うことがあります。

stakeholder(s)

名詞 ●利害関係者、ステークホルダー

▶ 格上げ前の単語・表現

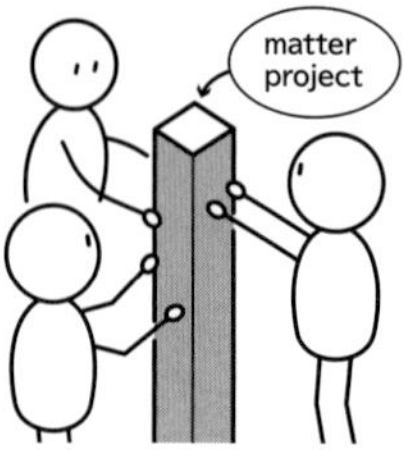

名詞

people who are concerned in this matter「この件に関係のある人たち」

those who are involved in this project/business「このプロジェクト・事業に直接関連している人たち」

people who are involved in a particular project「あるプロジェクトに関与している人たち」

▶ ニュアンスと使い方

辞書で調べると「賭け金の保管人」という結果が出ますが、より日常的にビジネスの文脈でも使います。stakeholder は社員、投資家、顧客など、企業やビジネスに関係し、その成功や失敗、成果に関心のある人（そして場合によっては責任のある人）のことを指します。組織、システム、プロジェクトなど規模に対して関わる人のことを言います。辞書では投資をした人やお金が関わるとの意味が紹介されていますが、特に金銭が関わる関係性でなくてもよくて、「関わりのある人」のこと全般を指します。

people who are concerned in this matter や those who are involved in the project は長くなりますが、stakeholders は一語で

表現できる格上げ単語です。

We should prioritize the benefit of the stakeholders.
ステークホルダーが有利になることを最優先するべきです。

Let's keep the key stakeholders informed of any developments.
進展があったら最重要なステークホルダーに報告するようにしましょう。

The company tried to address any concerns raised by their stakeholders.
会社は関係者が挙げたどんな心配な点にも対応するようにしました。

We should involve stakeholders at an early stage to make sure we're all on the same page.
初期段階からステークホルダーを巻き込んで全員同じ理解であることを確認した方がよいですね。

＊ on the same page ＝ 2名以上の人が同意している、同じ理解や見解を持つ、同じものを目指している状態。

Coffee Break 6

ビジネスでよく使うイディオムと決まり文句①
Common Idioms and Phrases in Business

イディオムは、映画やドラマ、ニュース、政治、ビジネスなど、日常のあらゆる場面で登場します。自分では使わなくても、理解しておくと役立ちます。中でもスポーツに由来する表現やイディオムはビジネスでも頻出しますので、次に紹介する中からも見つけてみてください。特に「ボール」などスポーツで使うものが入るとイメージしやすく、覚えやすくなります。

- **all hands on deck**

総動員で一人一人が自分の持ち場で全力を尽くそう

It's all hands on deck to fight this pandemic.
パンデミックと闘うために、総動員で一人一人全力を尽くす体制です。

直訳は「全員甲板へ集合」で、海軍用語に由来します。all-hands-on-deck approach とも言います 。

- **apples and oranges**

異なるため比較ができない

You can't compare apples and oranges.
それは比較できません。

It's like apples and oranges.
比較するのは無理です。

似ているものを比較する際は以下のように言います。
(compare) apples to apples
apples to apples comparisons
apple-to-apple comparison

• comfort zone
慣れて居心地の良い環境や状況

Step outside your comfort zone
慣れていて居心地の良いところから飛び出して挑戦や努力をすること。

• drop the ball
失敗やミスを犯す、チャンスを逃す

• find common ground
合意点・見解の一致点を見出す、普段は意見が合わない人たちが共通の意見を持つ・同意すること

The political parties are trying to find common ground on the issue of reopening the economy.
各政党は経済活動の再開について合意点に向かおうとしています。

common ground とは、一致点、合意点（共通の土台）のことを指します。

• gain currency
世間に認められる、広まる、通用する

Working from home seems to be gaining currency in Japan in recent years.
在宅勤務は近年日本でも広まっている（受け入れられている）ようです。

currency は「通貨」以外に、何かが「広まる、広く使われる」の意味もあります。

• hit a home run
大成功をおさめる、うまくやる、大金を得る

disclose

動詞
- 明らかにする、開示する
- 公表する、公にする
- 口外する
- 摘発する、暴く

▶ 格上げ前の単語・表現

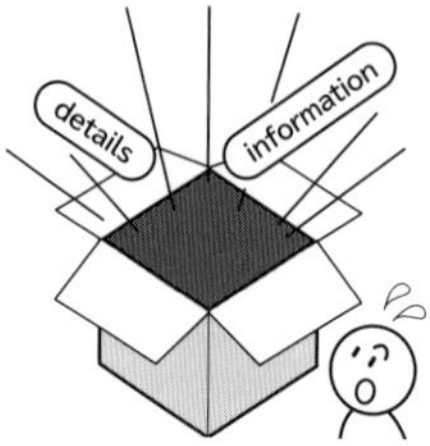

動詞

tell「教える」
communicate「伝える」
pass on「伝える」
make known「知らせる」
make public「公にする」
let slip/leak「漏らす」

▶ ニュアンスと使い方

情報や秘密を明らかにするという意味ですが、ビジネスでは「口外する」「摘発する」「暴く」「漏らす」というように、隠していたことや公にされていないことが明らかになる意味で使われることが多い印象です。They told personal information to the public.「彼らは個人情報を世間に知らせた」と言うと少し弱いイメージですが、They disclosed personal information to the public.「彼らは個人情報を世間に公表した」と言うと、より「秘密な情報」「開示してはいけない情報」のイメージが強くなり、tell よりも格上げされたビジネス向きの雰囲気が高まります。

「隠されたものや見えないものを見せる、（そのようなものの）姿を現す」という意味もあるので、同じように「覆われた情報を見せる」のようにイメージができます。

The employee's identity cannot be disclosed to the public.
その社員の身分は世間に公表できません。

We are not allowed to disclose any personal information about employees.
社員の個人情報を公開することは禁じられています。

This is confidential information and must not be disclosed to anyone outside the firm.
これは秘密情報なので社外秘です。

＊「社外に公表・開示してはいけません」ということ。

The investigators disclosed that a politician was involved in the bribery.
捜査員は、政治家が賄賂に関わっていたことを公表しました。

You must disclose information on all personal accounts before joining the firm.
入社前に個人のアカウント（ファンド、株の取引などのための）を全て開示することが求められます。

Details of the agreement between the two companies were not disclosed.
両社の契約内容の詳細は明らかにされませんでした。

追加情報

名詞では disclosure になりますが、nondisclosure agreement（略して NDA）を聞いたことがある方もいるかもしれません。外資系企業に入社された経験のある方は、入社前にサインを求められたことがあるかと思います。nondisclosure は「情報などの非開示」という意味で、nondisclosure agreement は「秘密保持契約」を指します。個人だけでなく、M&A、ライセンス契約、共同開発契約などでも、秘密情報の漏洩や、交渉以外の目的で情報が使用されることを防ぐために用いられます。confidentiality agreement という言い方もします。

verify

動詞
- ●（事実を調査して）確かめる、確実にする、真実を証明する
- ●裏付ける、検証する

▶ 格上げ前の単語・表現

動詞

check「確かめる」
make sure「確認する」
show to be true「真実だと証明する」
prove「証明する」

▶ ニュアンスと使い方

　証拠、事実、証言などによって真実であることを証明（実証、立証）することを指します。また、調査や比較などをしたうえで、正確であり、真実であると確認することも意味します。

Could you please verify that?
それが事実かどうかを確認してくれますか？

The program verifies that the trading system is working properly.
コンピューターのプログラムは、トレーディングシステムが正常に作動していることを確認しています。

The assertions were verified by several witnesses.
数名の証人によってその主張は立証されました。

The theory was later verified by experiments.
後に行われた実験がその説を裏付けました。

The numbers in the report are unexpectedly high, so they'll have to be verified.
レポートの数字が予想以上に高いので、正確性を確認しなければいけません。

To verify your account, please enter the last four digits of your SSN (social security number).
アカウントが本人のものであることを確認するため、ソーシャルセキュリティーナンバーの下4桁をご入力ください。

追加情報

身元を確かめることを verify someone's identity と言うため、システムやアカウントのログイン、銀行などの手続きや身分証明の際にこの単語を見聞きすることがあります。

mitigate

動詞 ●緩和する
●弱める、軽減する、軽くする

▶格上げ前の単語・表現

動詞
make less serious「深刻さを軽くする」
lessen「減らす」
lighten「軽くする」
ease「和らげる」
reduce「少なくする」
weaken「弱くする」

▶ニュアンスと使い方

何か（悪いことに対して）度合いを「弱める、低くする、緩和する」という意味です。ニュースでは、mitigate social and economic impacts「社会的、経済的な影響力を弱める」やmitigate the spread of the COVID-19 virus「COVID-19 ウイルスの拡散を緩和する」のような言い回しを目にします。

ビジネスではmitigate risks「リスクを軽減する」やmitigate the effects「影響を軽くする」のような組み合わせでよく聞きます。同じことをlessen the severity of X やmake the effects less serious と言うとwordy「冗長」で意味が弱まってしまいます。代わりにmitigate の一言で言うとインパクトがあり、一段と「格」も上がる単語の良い例です。

We made a mistake, but there are steps we can take to mitigate the damage.
私たちは間違いを犯してしまいましたが、ダメージを軽減するための手立てはあります。

The ultimate goal is to mitigate the effects of global warming.
究極のゴールは地球温暖化の影響を弱めることです。

Companies are struggling to find ways to mitigate the impact of inflation.
企業はインフレの影響を軽減する施策を講じようと頭を悩ませています。

The governor promised to take measures to mitigate poverty.
知事は貧困を減らす政策を取ることを約束しました。

Before implementing the new plan, we need to ensure all strategies are in place for risk mitigation.
新しいプランを導入する前に、リスク軽減のための戦略が全て実行されていることを確認せねばなりません。

＊ mitigationは名詞。「リスク管理」と言いたいときはrisk managementとなります。

追加情報

mitigateは「怒りや苦痛、悲しみなどを和らげる」「罪を軽くする」という意味でも使われます。ただし、pain「痛み」を和らげる際には使わず、alleviate painまたはease painのように言います。

ビジネス以外の場面で「影響を軽減する」と言う場合には、mitigate the effects of the flu「インフルエンザの影響を軽減する」のようになります。

contingent

形容詞
- …次第の、…次第で決まる
- …に左右される
- …を条件とする
- 起こる可能性のある、不測の

▶ 格上げ前の単語・表現

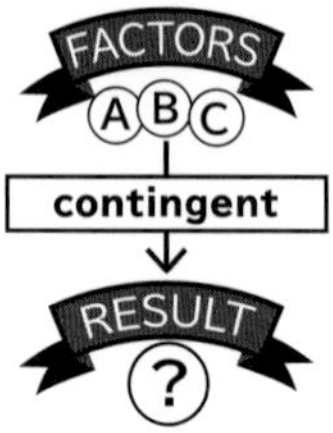

形容詞

dependent on/upon . . .「…次第の」
conditional「条件付きの」
subject to . . .「…による」
determined by . . .「…に決定される」

▶ ニュアンスと使い方

出来事や企画が起こること、また成功などが、他の要素によって決まると言うときに使います。起こるかどうかや行われるかどうかは他の条件次第である、ということです。「偶然によるので予測できない」という意味でも使われます。

Employees' bonuses are contingent upon the firm's performance.
社員のボーナスは会社の業績によって決まります。

The outdoor charity event is contingent on the weather.
その野外でのチャリティーイベントは天気に左右されます。

Economic growth expectations are contingent on the outcome of the trade deal.
経済成長の予測は貿易取引の結果によります。

Our recruiting plans are contingent upon the Japan Business Federation's decision on the hiring regulations for university students.
弊社の採用計画は経団連の新卒採用に関する「就職協定」の決定次第です。

また、ビジネスでは次のようにcontingentを使用する例があります。

contingent worker：企業で仕事をしているものの、permanentな契約（常勤者、常雇用者、正社員の契約）がない人、つまり派遣社員や契約社員などをcontingent workers「派遣社員、臨時雇用の労働者、時間や曜日、従事期間などに一定の条件をもつ臨時雇用の労働者」と呼ぶことがあります。日本語でもカタカナ語で「コンティンジェント・ワーカー」と言うことがあります。

Contingent workers usually do not receive the same benefits and health care as permanent employees.
コンティンジェント・ワーカーは通常、正社員と同じ福利厚生や医療を受けません。

contingency plan：不測の事態への対策、言い換えるとplans for what to do if something happens「あることが起きたときのために立てる対策」ということです。

Given the recent downward trend in the market, the management team developed a contingency plan.
最近の市場の下降傾向を受けて、経営陣は不測の事態への対応策を策定しました。

追加情報

オリンピックのニュースでcontingentを耳にすることがあるかもしれません。名詞では「代表団」「派遣団」の意味となり、次のような言い回しがあります。

The Japanese Olympic contingent　オリンピックの日本代表選手団
The Japanese contingent at the Olympics　オリンピックの日本代表選手団
get a place in the Olympic contingent　オリンピックの代表に入る

mobilize

動詞 ●（特定の目的のために人、物、力、資源などを）準備する、集結する、動員する

▶格上げ前の単語・表現

動詞

use (for a purpose)

「(ある目的のために) 使う」

organize, gather, prepare

「(ある目的のために) 結集する、準備する」

▶ニュアンスと使い方

「目的の達成に向けて、すでにあるものや人を使う」という意味です。ビジネスでは、resource (p. 94) と組み合わせて使われることがあります。mobile や mobility と同じように「動かす」イメージで、「目的のために物を動かす」と覚えることができます。ビジネスやプロジェクトを前に進めるために何かを使うとき、use で表現すると一方的に聞こえ、力関係や上下関係がある「使う」のニュアンスが出ますし、人に対して use (people/employees) と言うのはマイナスなイメージがあります。しかし、mobilize を用いれば、「活用する」「動かす」のようなポジティブで前向きな印象になります。

We need to mobilize all our resources for this campaign.

このキャンペーンのために全てのリソース（人材、時間、労力）を集結させなければいけません。

The government mobilized more medical staff to provide greater access to PCR tests.
政府は、PCR検査がより広範囲に受けられるように医療従事者をこれまで以上に動員しました。

They were not able to mobilize their resources effectively to meet their sales target.
彼らは売り上げ目標を達成するためのリソースを準備することができませんでした。

The city mobilized volunteers to help clean up damage from the tornado.
市は、竜巻がもたらした被害を清掃するためのボランティアを集結しました。

Major internal resources have been mobilized toward the firm's CSR (corporate social responsibility) efforts.
内部の多大なリソースが企業のCSR活動に集結されました。

Social media platforms have become an effective means of spreading information and mobilizing support for various causes.
ソーシャルメディアのプラットフォームは効果的に情報を広め、様々な大義名分への支持を集めて動かすための手段となりました。

追加情報

ニュースでは、よく「軍隊を動員する」や「支持を集める」という意味で以下のように使われます。

The U.S. president announced plans to mobilize the military to deliver vaccines throughout the country.
アメリカ大統領は、ワクチンを全国に届けるために軍を動員すると表明しました。

The candidates mobilized voter support to win the election.
候補者たちは選挙での当選に向けて有権者の支持を集めました。

optimize

動詞 ●最も効果的にする、最大限に活用する、最適化する

▶格上げ前の単語・表現

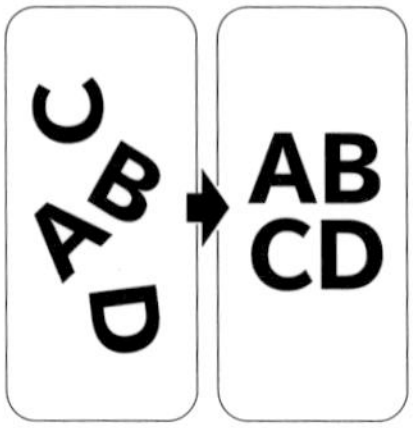

動詞

make effective「効果的にする」

make as effective as possible

「できるだけ効果的にする」

do something in the best way

「何かを最良の方法で行う」

improve how something is used

「何かが使われる方法を改善する」

make the best use of something

「何かを最も有効に活用する」

▶ニュアンスと使い方

計画やシステムなどが効率よくスムーズに動くためにリソースや状況、機会などを「できるだけ効果的にする（使う）」「最大限に活用する、利用する」という意味で使われます。すでにあるものを「活かす」というニュアンスでも用います。

状況や機会について言うときは、「最大限の利益や好都合な要素を得る」という意味合いがあります。

The use of data science will optimize business efficiency significantly.

データサイエンスを利用することで仕事の効率は著しく最適化されます。

The company needs to optimize their use of available resources to reduce costs.
コスト削減のため、会社は今あるリソースを最大限に活用するべきです。

We aim to optimize technology to gain a competitive edge in the market.
市場で競争力を高めるため、テクノロジーを最大限に活用し、結果を出すことを目標としています。

Optimizing the day-to-day processes would lead to working efficiently.
日々のプロセスを最適化することによって業務を効率よく行うことができます。

Candidates need to optimize all possible opportunities to get a job at the popular firm.
その人気企業で採用されるためには、応募者は全ての機会を最大限に活用する必要があります。

追加情報

コンピューター関係でも、プログラムの処理能力や質などを「最適化する、最適化されている」と言うときに使われます。例えば、アプリやシステムに次のような表示を見ることがあります。

The app is optimized to use with OS version 14.5 and later.
このアプリはOSバージョン14.5以降での利用に最適化されています。

In recent years, websites need to be optimized for mobile devices to be successful for marketing.
最近では効果的なマーケティングのために、ウェブサイトがモバイル機器での閲覧に最適化されていなければいけません。

valid

形容詞
- （事実や論理に基づいていて）妥当な、正当な
- 根拠が確実である
- 確かな
- 効果的な

▶ 格上げ前の単語・表現

形容詞

believable「信じられる」
acceptable「受け入れられる」
reasonable「理にかなった」
logical「論理的な」

▶ ニュアンスと使い方

決断するときや議論するときなど、ビジネスではあらゆる場面で物事の妥当性や正当性、信頼性が問われます。validは、案、論法、コメント、メソッドなどが「妥当な理論や論理に基づいている」ことを表すときに使います。また、正しいことや理論に基づいているために「受け入れられる」というニュアンスがあります。

次のような組み合わせをよく耳にします。

valid argument	妥当な・理にかなっている論法
valid reason	正当な理由
valid method	確かなメソッド、方法、手法
valid assessment	妥当な評価・査定
valid idea	妥当な案、アイディア
valid comment	正当なコメント、発言
valid point	確かな点

The data in the report was statistically valid.
レポートのデータは統計的に妥当でした。

There must be a valid reason behind the decision to change the guidelines.
ガイドラインを変更するには正当な理由が必要です。

I'm afraid that is not a valid excuse.
その言い訳は通りません。

＊「妥当ではない」というニュアンス。

The points he raised were perfectly valid and should be considered.
彼が挙げた点は大変妥当で、考慮されるべきです。

They put the project on hold because the team members raised some valid concerns about the costs.
チームのメンバーがコストについて妥当な懸念を挙げたため、プロジェクトは一時保留することになりました。

追加情報

valid には「有効」の意味もあるので、身近なところでも見かける単語です。例えば、オンラインで買い物をする際など、次のような記載を目にすることがあるかもしれません。

a valid credit card　有効なクレジットカード
a train pass valid for one month　１ヵ月有効の定期券

This coupon is valid for two weeks.　このクーポンは２週間有効です。

accelerate

動詞
- 速める、加速する
- 促進する、増進する
- 時期を早める

▶ 格上げ前の単語・表現

動詞

go faster「速める」
get faster「速くする」
speed up「加速する」
quicken「早くする」
hurry up「速くさせる」

▶ ニュアンスと使い方

物理的な速度を速めるという意味もありますが、何かの「進歩、発展、成長、活動などを速める」「進み具合、ペースを速める」「時期を早める」「予定や想定していた以上に速く進む」の意味でも使用します。「アクセルを踏む」のイメージのように、何かに「拍車をかける」ニュアンスです。

「促進する」の意味では、経済成長などに対して次のように言うことがあります。

accelerate economic growth/recovery
経済成長・回復に拍車をかける、促進する

より身近なビジネスシーンでは、プロジェクトの進行を速めたり時期を早めたりするときに使います。

Let's do what we can to accelerate this process.
このプロセスを速く進めるためにできることをしましょう。

The pace of change accelerated in the late '90s.
変化のスピードは90年代後半に加速しました。

The president's efforts to accelerate economic growth have not yet led to results.
大統領の経済を促進するための施策はまだ結果につながっていません。

The government launched a subsidy program to accelerate the shift to online learning and remote working.
政府はオンライン教育とテレワークへの移行を促進するため、補助金プログラムを導入しました。

The firm needs to accelerate plans to cut costs to prevent falling in the red.
その会社は赤字に陥ることを回避するためにコスト削減計画を加速させなければいけません。

追加情報

名詞は acceleration で、acceleration in the rate of growth「成長率の加速」のように用います。動詞 accelerate の反対は decelerate「減速する」で、特に自動車に対して言います。

reconcile

動詞
- 調整・折り合いがつくようにする
- 調和させる
- 矛盾しないようにする、一致させる
- 計算書を照合確認する、帳尻を合わせる

▶ 格上げ前の単語・表現

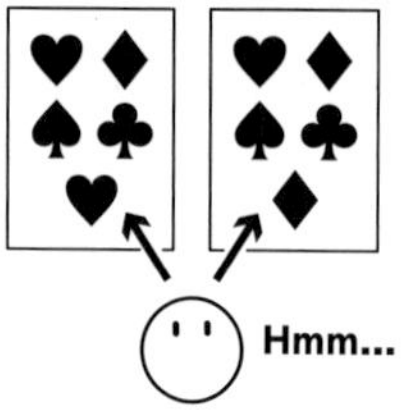

動詞

balance「バランスを取る」
settle「折り合いをつける」
resolve「解決する」

▶ ニュアンスと使い方

争いなどを「和解させる」「調停する」の意味で使われることを聞いたことがあるかもしれません。格上げ単語としては、二つ以上の異なるアイディア・要求・事実・状況などを折り合いがつくようにする、両方受け入れられるように調整するときに使います。reconcile X with Y「X を Y と調和する」のような言い方もあります。金融業界では耳にする頻度が高く、特に取引が開始したがまだ完了していない時点で「照合する」の意味があります。

The contract we received from the new vendor has to be reconciled with company policy.
新しい業者からもらった契約は会社の方針と合うように調整しなければいけません。

The committee is trying to reconcile different versions of the guidelines.
委員会は多数のバリエーションがある指針をまとめようとしています。

The numbers don't seem to match up. Could you try to reconcile them?
数字が合わないようです。(残高などを)照合するようにしていただけますか？

The Operations Division plays a key role in making sure that all the transactions are cleared, reconciled, settled, and confirmed.
オペレーション部門は、全ての取引がクリアし、照合され、完了することを確認するという重要な役割を果たしています。

I always reconcile credit card statements against receipts and my bank book to make sure everything is correct.
私は常にクレジットカードの明細をレシートと銀行通帳と照合して、すべて正確であることを確認しています。

追加情報

人と人が和解することを表すときはmake upの方がよく使われます。

The sisters were in a big fight, but they have made up somehow.
(× reconciled)
姉妹は大げんかをしていたが、なんとか仲直りしました。

Coffee Break 7

ビジネスでよく使うイディオムと決まり文句②
Common Idioms and Phrases in Business

・in the loop
最新情報が伝わるようにやりとりに加える

Please keep me in the loop.
最新情報が伝わるようにやりとりに加えてください。

loop「輪」に人を入れるというイメージです。

・new normal
新たな状態や常識、今まで普通でなかったことが普通になること

We are all trying to adjust to the new normal.
みんな「ニュー・ノーマル」に順応しようとしています。

直訳は「新しい普通」で、日本語でも「ニュー・ノーマル」と呼ぶのを聞きます。リーマンショックとその後の大景気後退（Great Recession）後の不況や金融状況について用いられたことに由来します。新型コロナウイルスの感染拡大による影響で再度聞くようになりました。

・on paper
①紙上では、書類や文書では
He looks good on paper, but he didn't do well in the interviews.
（採用の候補者について）彼は履歴書上では良く見えましたが、面接ではうまくいきませんでした。

② 理論上では（現実はわからない・疑問が残る）
The proposal looks good on paper, but it would be too difficult to implement.
理論上は良い提案ですが、実行するのは難しすぎます。

・**off base**

間違っている、外れている

＊野球に由来。ベースに触れていないということ。

・**touch base**

（人と）再び連絡を取る、状況・近況などを話し合う

Could we touch base on this next week?

来週、この件についてまた（近況報告などをするため）連絡をとってもいいですか？

・**raise the bar**

求められるクオリティなどの標準を上げる、より難しくする（特に競争の中で）

＊ track & field「陸上競技」の high jump「高飛び」などの bar「バー」に由来すると言われています。

・**ring a bell**

見覚え・聞き覚えがある、前に聞いたことがある、心当たりがある

That name rings a bell.

その名前は聞き覚えがあります（どこかで聞いた気がします）。

・**three strikes (and you're out)**

完全に失敗して今後はもうチャンスがないこと

＊野球に由来。三振でアウトということ。

・**up in the air**

決まっていない

It's still up in the air.

それはまだ決まっていない状況です。

オススメの資料

Recommended Sources

●今後さらに語彙力を強化するのに役立ち、信頼できる資料をご紹介します。日英・英日辞書だけでなく、英英辞書をお勧めします。（以下はすべて、2020年8月現在での最新の情報を記載しています。）

Longman Dictionary of Contemporary English 6th Edition For Advanced Learners
Pearson Education Limited 2014

この辞書には以下のようなラベルが単語についています。
formal（フォーマル）、informal（インフォーマル）、spoken（口語）、literary（文芸）、legal（法律）、technical（技術）

Frequency（頻度）についてもマークがついています。

- **red: The most important 9000 words to learn in English are highlighted in red.**
  （英語で習うべき最重要語9000は赤で記してある）
- **S1: The 1000 most frequent words in spoken English**
  （口語英語で最も使用頻度の高い1000語）
- **S2: The next 1000 (1000-2000) most frequent words in spoken English**
  （次に使用頻度が高い1000～2000語）
- **S3: The next 1000 (2000-3000) most frequent words in spoken English**
  （その次に使用頻度が高い2000～3000語）
- **W1: The 1000 most frequent words in written English**
  （文語英語で最も使用頻度の高い1000語）
- **W2: The next 1000 (1000-2000) most frequent words in written English**
  （次に使用頻度が高い1000～2000語）
- **W3: The next 1000 (2000-3000) most frequent words in written English**
  （その次に使用頻度が高い2000～3000語）

Spoken vs. written frequencies（口語対文語の頻度）のグラフもあります。例えば、動詞letはper million words（100万語ごと）につき口語が約810回使用されているのに比べ、文語が約450回となっています。また、コロケーションや類義語の情報も豊富です。

Oxford Advanced Learner's Dictionary 10th Edition

語義は英語学習者にわかりやすく、例文も豊富にあります。

●次に挙げるオンライン辞書も推奨します。ネット検索は簡単ですが、一次資料にあたることをお勧めします。

Cambridge Dictionary
https://dictionary.cambridge.org/
意味の説明が丁寧で、ネットから自動的に検出される例文だけではなくオリジナルの例文が豊富です。見やすいサイトで、単語によって American Dictionary, Business English などで分けられています。

Collins Dictionary
https://www.collinsdictionary.com/
用法（usage）の trends がグラフで表示され、単語によっては発音の動画があり、参考程度ではありますが多言語での意味が表示されるなど、プラスαの情報が役立ちます。

Longman Dictionary of Contemporary English (LDCE)
https://www.ldoceonline.com/
コーパスからの例文が豊富で、様々な使い方が参考になります。カラーが豊富で見やすく、コロケーションの紹介や文法の注意点など情報量が多いです。

Merriam-Webster
https://www.merriam-webster.com/
由来や "Did You Know?", Word of the Day Podcast へのリンクなど追加コンテンツが充実していて、単語の深い世界を楽しめます。

おわりに

この本を手に取ってくださった皆さま、本当にありがとうございます。お仕事で英語を使われる方が多いと思いますが、次のように感じたことはありますでしょうか。

「英語の教材やビジネス英語の本を買って勉強したけれど、仕事で実際に使う英語は違っていた」

「英語自体は間違っていないから伝わるけど、選んだ言葉の雰囲気が違っていたり、失礼に聞こえたりしていることに気がつき、ショックだった」

これは以前、勤務先で他部署の方々と英語についてお話ししたときの言葉で、印象に残っています。

私自身、外資系企業の現場で使われている生きた英語に触れ、その経験を通して単語や表現が持つ知的な響きや品のある雰囲気、また、的確なニュアンスを知りました。

現場は、テクニカルで難しい単語やjargon（業界用語や一部の人にしか理解できないような言葉）ばかりなのでは決してなく、馴染みのある言葉の「今まで遭遇しなかった用法」や「ビジネスの文脈で持つ意味」があったのです。そのような意味は必ずしも英和辞書には載っておらず、英英辞書でもなかなか見つからないものでした。

例えば、当時はescalateがそのひとつでした。オフィスではよく聞き、文脈から理解できたのですが、辞書ではピンとくる説明がありませんでした。（英語の書籍を多く執筆してきたアメリカ人の父も、普段はその意味では聞かないと言っていました！）現場でこそ触れられる英語があるのだと気がつきました。

この本を通して、現場で触れた「格上げ単語」を皆さまにお届けできたことを嬉しく思います。「格上げ単語」によって伝えたいことをより的確かつ明確に表現できるようになり、効果的なコミュニケーションが取れ、それが良好な人間関係につながり、さらにはビジネスがうまく進みますよう、心から願っております。

この本の出版の機会をくださった講談社エディトリアルの浦田未央様、「格上げ単語」の重要性や有効性に着目していただき、役立つ書籍になるように様々なご提案や工夫をしてくださり、本当にありがとうございました。おかげさまで、また新たな面で読者の方々のお役に立てる本を作ることができました。英語や本についてお話しできた楽しい時間やご丁寧な対応もいつも励みになっていました。

また、制作および出版に関わってくださった講談社の皆さま、単語の生き生きとして楽しいイメージを描いてくださったイラストレーターの今井佳世様、素敵なブックデザインをご担当くださった目崎智子様と須谷直史様、そしてDTP・印刷・流通に関わってくださった皆さまのお力のおかげで、本が形となりました。心から感謝申し上げます。

そして、本を並べてくださる書店の皆さまのおかげで、お仕事で英語を使う方々、英語をアップグレードしたいと希望と期待を持っている方々にこの本を届けることができました。ありがとうございます。

英語の奥深さや的確なニュアンス、ビジネスにふさわしい効果的なコミュニケーションの方法に気づかせてくれたのは、今までの職場の皆さまです。心より感謝申し上げます。

“To teach is to learn twice.”「教えることは二度学ぶこと」―これはJoseph Joubertというフランスの思想家でエッセイストの言葉です。学んだことや自分の理解を言語化して他の人に説明するためには、より深い理解や工夫が必要。そのために調べものをして知識を深めることで、教える(説明する)本人も学ぶことになります。この本の執筆は私にとってまさに学びのプロセスでした。このような貴重な機会をいただきましたことにも、感謝申し上げます。

本書が、単語の幅広い用途や奥深さに目を向けることにつながり、皆さまのボキャブラリーの引き出しが増えるきっかけとなりましたら幸いです。

2020年9月

マヤ・バーダマン

講談社パワー・イングリッシュ

世界《せかい》のビジネスシーンで使《つか》われている
大人《おとな》の「格上《かくあ》げ」英単語《えいたんご》

2020年10月16日　第1刷発行

著　者　マヤ・バーダマン
発行者　渡瀬 昌彦
発行所　株式会社講談社
〒112-8001　東京都文京区音羽2-12-21
販売 03-5395-3606
業務 03-5395-3615
編　集　株式会社講談社エディトリアル
代　表　堺 公江
〒112-0013 東京都文京区音羽1-17-18　護国寺SIAビル
編集部 03-5319-2171
装幀・組版　（株）イオック（目崎 智子・須谷 直史）
イラスト　今井 佳世
印刷所　大日本印刷株式会社
製本所　株式会社国宝社

ISBN978-4-06-520529-7